KB199889

생각이 내가 된다

생각이 내가 된다

지은이 | 이영표
초판 발행 | 2018. 5. 16
31쇄 | 2025. 1. 22
등록번호 | 제1988-000080호
등록된 곳 | 서울특별시 용산구 서빙고로65길 38
발행처 | 사단법인 두란노서원
영업부 | 2078-3333　FAX | 080-749-3705
출판부 | 2078-3331

책 값은 뒤표지에 있습니다.
ISBN 978-89-531-3150-7　03230

독자의 의견을 기다립니다.
tpress@duranno.com　　http://www.duranno.com

두란노서원은 바울 사도가 3차 전도여행 때 에베소에서 성령 받은 제자들을 따로 세워 하나님의 말씀으로 양육하던 장소입니다. 사도행전 19장 8-20절의 정신에 따라 첫째 목회자를 돕는 사역과 평신도를 훈련시키는 사역, 둘째 세계선교(TIM)와 문서선교(단행본·잡지) 사역, 셋째 예수문화 및 경배와 찬양 사역, 그리고 가정·상담 사역 등을 감당하고 있습니다. 1980년 12월 22일에 창립된 두란노서원은 주님 오실 때까지 이 사역들을 계속할 것입니다.

‘생각이 내가 된다

청년 멘토 이영표를 움직이는 가치들

이영표 지음

두란노

PART 1 마음의 가치관

PART 2

믿음의 가치관

PART 3

축구의 가치관

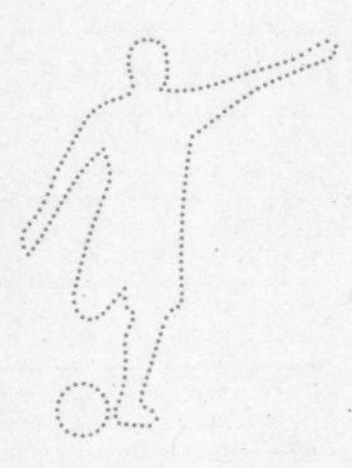

오늘 당신이 선택한 '생각'은 무엇인가?

생각이 인격을 만든다

프롤로그

바르게 보면 다르게 산다

20대 초반의 나이에 처음 하나님을 알게 되었을 때 나는 하나님이 진짜 살아 계시다는 사실에 놀라면서도, 동시에 마음 한쪽에서 혼란스러움을 느꼈다. 그 이유는 단 한 번도 관심을 둔 적이 없었던 '선'과 '악', '죄'라는 단어들이 마음에 들어오면서 자연스럽게 선과 악, 죄를 구분하려는 과정 가운데 수없이 많은 질문이 생겨났기 때문이다.

당시 나는 성경말씀과 상관없이 긴 시간 세상의 영향을 받고 살아온 나와 하나님 사이의 넓은 간격을 메우기 위해 기회가 있을 때마다 만나는 모든 그리스도인에게 궁금하거나 이해가 되지 않는 것들을 무차별적으로 질문하곤 했다. 어떤 질문들은 며칠 만에 답을 찾기도 했지만, 또 어떤 질문들은 몇 달 혹은 몇 년이 지나도록 분명한 대답을 얻지 못하는 경우도 많았다.

그리고 시간이 지나 내가 처음 하나님을 만났던 나이인 20대 청년들과 대화하면서 그들도 내가 청년 시절에 품었던 똑같은 질문들을 갖고 있다는 사실을 알게 되었다.

과거에 하나님을 인정하고 믿으면서 품었던 모든 의문과 질문은 내 삶의 잘못된 가치관을 발견하게 하는 중요한 역할을 했다. 마찬가지로 오늘날의 청년들도 성경말씀과 세상 사이에서 생기는 질문과 의문을 통해 하나님을 향한 올바른 믿음으로 한 걸음씩 나아가고 있는 모습을 볼 수 있었다.

이 책은 그동안 청년들과 함께 나누었던 나의 생각과 경험들을 정리한 것이고, 잘못된 나의 행동이 잘못된 나의 생각에서 기인했음을 고백하는 글이면서, 동시에 올바른 행동은 결국 바른 생각에서 시작된다는 경험의 글이기도 하다. 그리고 우리에게 올바른 생각의 기준이란 오직 성경말씀 외에는 다른 것이 없음을 고백하는 글이기도 하다.

“타인을 속이는 것은 곧 자기를 속이는 것이다”라는 말이 있다. 자신이 행하는 모든 행동이 결국은 자기에게 돌아온다는 사실을 안다면 행동을 다스리기 전에 먼저 바른 마음가짐과 바른 생각을 가질 필요가 있다.

이 작은 책이 누군가 한 사람에게 바른 생각의 중요성을 깨닫도록 돕는다면 새삼 생각을 글로 표현하는 것이 어려워 책 쓰는 일을 망설이던 나에게 충분한 위로가 될 것 같다.

마지막으로, '생각이 내가 된다'는 사실을 알고 치열하게 삶을 살아갈 사랑하는 나의 세 딸들, 하엘, 나엘, 다엘에게 이 책을 주고 싶다. 그리고 사랑하는 아내에게 이 작은 책을 선물하고 싶다.

2018년 5월 7일

캐나다 밴쿠버에서

이영표

PART 1.

마음의 가치관

0.1%의 차이

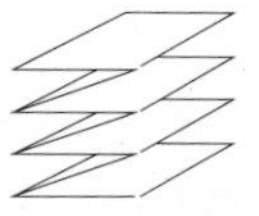

축구 경기는 90분 동안 한 팀당 11명씩 양 팀을 합쳐 총 22명의 선수들이 경기에 출전하고, 거기에 각 팀당 3명의 선수들을 교체할 수 있기 때문에 보통 28명의 선수들이 한 경기에 출전한다. 재미있는 것은 28명의 선수들의 몸값이 천차만별이라는 사실이다. 똑같은 유니폼을 입고 한 팀으로 경기를 하더라도 연봉 차이가 크게는 100배 이상 나기도 한다. 승리할 때 돌아오는 수당도 모든 선수가 다르게 책정되어 있다. 상식적으로 생각하면, 90분 동안 똑같이 뛰어 승리했는데 주어지는 보상이 전혀 공평하지 않은 것처럼 느껴질 수 있다.

내가 처음 프로가 되었을 때 의아한 점이 있었다. 그것은 바로 선수들의 연봉이 실력 차이에 비해 너무나 차이가 크다는 것이었다. 예를 들어, 축구기술이 100가지가 있다는 가정 아래 같은 해에 팀에 입단한 두 명의 축구선수가 다음 해에 연봉협상을 한다고 생각해 보자. A선수는 B선수보다 51가지의 기술이 더 뛰어나고, B선수는 A선수보다 49가지의 기술이 더 뛰어나다는 평가가 나왔다. 만약 B선수의 연봉이 3,200만 원이라면 A선수의 연봉은 얼마가 적당할까?

내가 가진 상식으로는, B선수의 연봉인 3,200만 원과 그가 가진 49가지의 기술을 생각하면 A선수가 받아야 하는 연봉은 3,400-3,600만 원이 적당해 보인다. 그러나 프로라는 시장에서는 A선수의 몸값이 경우에 따라 3억 원이 넘어간다. 만약 B선수의 몸값이 3억 원이라면 A선수의 몸값은 50억 원이 넘어가기도 한다.

나는 처음 이 상황을 실제로 경험했을 때 무언가 불공평하다고 생각했다. 그러나 치열한 승부의 세계에서 0.1%의 차이는 하늘과 땅 차이이다. 결국 승부는 0.1%의 차이에 의해 결정되고, 거의 모든 경기에서 이 작은 차이가 엄청난 결과를 만들어 낸다. 그리고 0.1%의 차이는 아주 긴 시간과 노력에 의해 만들어진다.

노력에는 일명 '복리 원칙'이 따른다. 마치 종이를 접는 것과 같다. 《베스트 플레이어》에서 저자 매슈 사이드는 아주 재미있는 설명을 한다. A4 용지 1장의 두께를 보통 0.1cm라고 할 때 종이를 한 번 접으면 0.2cm가 되고 두 번 접으면 0.4cm가 된다. 같은 방법으로 30회를 접는다고 가정해 보자. 과연 두께가 얼마나 될 것 같은가? 한번 상상해 보라.

정답을 말하기 전에, 나는 이 책을 읽는 모든 사람이 0.1%의 실력 차이로 수십 배 연봉 차이가 나는 상황을 불평하는 대신에 0.1%의 차이를 만들어 내는 비밀을 깨닫고, 0.1%의 차이를 만들어 내는 사람들로 거듭났으면 좋겠다.

정답은 약 1,073km다. 서울에서 영종도까지의 거리를 약 500km라고 본다면 1,073km는 서울과 영종도를 왕복할 정도로 엄청난 두께다.

우리가 주목해야 하는 것은 30회가 아니다.

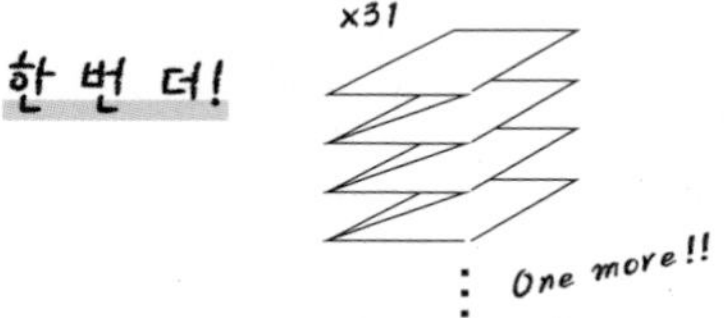

바로 여기에 0.1%의 비밀이 숨겨져 있다.

그렇다면 만약 종이를 31회 접는다면 두께가 얼마나 될까? 약 2,146km! 만약 누군가 여기서 멈추지 않고 한 번 더 종이를 접는다면 두께는 약 4,292km가 된다.

노력도 마찬가지다. 두 사람이 훈련을 한다고 생각해 보자. 나는 하루에 팔굽혀펴기를 30회 한다. 그런데 내 친구는

31회 한다. 내가 보기에는 친구가 고작 1회 더 한 것 같다. 그러나 1회의 차이는 단지 1회로 끝나지 않는다. 1회 더 한 팔굽혀펴기는 앞서 했던 팔굽혀펴기 30회의 가치만큼 더 가져다준다. 만약 또 다른 누군가가 팔굽혀펴기를 32회 한다면 앞서 31회를 한 사람의 두배를 한 것이나 다름없다. 나는 이것을 '노력의 복리 원칙'이라고 부른다.

나는 어렸을 때부터 코치 선생님이 팔굽혀펴기를 10회 시키면 11회를 했고, 50회 시키면 51회를 했다. 지능이 뛰어나 '노력의 복리 법칙'을 알아서가 아니었다. 단순히 남들보다 한 번이라도 더 하면 그만큼 더 발전할 수 있을 것이라는 막연한 기대감 때문이었다.

그런데 실제로 시간이 지나고 프로가 되고 보니 '한 번 더'는 내가 어렸을 때 어렴풋이 상상했던 것과는 비교도 안 될 정도로 큰 효과가 있었다. 그리고 그 한 번의 차이는 단순한 차이가 아니라 실로 어마어마한 차이라는 사실을 알게 되었다. 그 한 번은 1,073km와 2,146km의 차이였고, 1,073km

와 2,146km의 차이는 30회에서 멈춘 경쟁자가 결코 따라올 수 없는 차이였다.

만약 내가 마라톤 경기를 하고 있고 결승점까지 5km를 남겨 두고 있다고 가정했을 때 누군가가 나보다 1m나 5m 혹은 30m 앞에서 달리고 있다면 그 거리는 얼마든지 따라잡을 수 있다. 아직 승부는 정해지지 않았다. 그런데 만약 3km 앞에서 달리고 있다면? 그 경기는 이미 승부가 결정된 것이나 다름없다. 하물며 누군가가 나보다 1,000km 앞에서 달리고 있다면, 그 거리는 일반적인 방법으로는 절대로 추월할 수 없는 거리다.

이처럼 엄청난 차이를 만들어 내는 '노력의 복리 법칙'을 알게 되면 노력을 멈추는 것만큼 바보 같은 일은 없다는 사실을 자연스럽게 터득하게 된다. 1,073km가 2,146km가 되고, 2,146km가 4,292km가 되는 방법을 아는 사람이 어떻게 노력을 멈출 수 있으며, 어떻게 "이만하면 됐다"고 말할 수 있는가?

처음에는 아무리 이해하려 해도 이해하기 어려웠다. 솔직히 아무리 세계적으로 유명한 축구선수라 하더라도 평범한 프로선수 두 명과 2 대 1로 경기를 하면 질 수밖에 없다. 그런데도 유명한 축구선수 한 명의 연봉이 평범한 프로선수 두 명의 연봉을 합친 것보다 수십 배에서 수백 배 많다는 것은 쉽게 이해가 되지 않았다.

하지만 나는 프로가 되고 유럽에서 수없이 많은 경기를 하면서 작은 차이를 만들어 내는 세계 최고 선수들이 실제로 경기 결과에 직접적인 영향을 미친다는 것을 목격하게 되었고, 그제야 그들이 왜 수백 배의 연봉을 가져가는지 이해하게 되었다.

눈에 보일 듯 말 듯한 작은 차이가 엄청난 결과를 만들어 내고, 그 차이는 바로 '한 번 더'에서 만들어진다.

힘들고 지쳐 도저히 힘을 낼 수 없고 포기하고 싶은 상태에서의 '한 번 더'는 누구나 할 수 있는 평범한 상태에서의 '한 번 더'와는 차원이 다른 훈련이다. 나도 참을 수 있고, 상대도 참을 수 있고, 우리 모두 참을 수 있다면 그것은 이미 인내가 아니다. 진정한 인내의 시작은 '더 이상 참을 수 없다'고 생각하는 순간 비로소 시작된다.

노력도 마찬가지다. 노력의 시작은 언제나 노력할 만큼 노력한 다음 시작된다. 대부분의 사람들이 할 수 있는 노력은 더 이상 노력이 아니다. "노력할 만큼 했어. 이제 더 이상은 안 돼"라는 말은 노력의 끝이 아니라 그저 노력의 출발점일 뿐이다.

인내와 노력은 언제나 고통을 불러일으킨다. 하지만 고통스런 통증이 계속되다 보면 어느새 고통이 쾌감으로 느껴질 때가 있다. 당신은 고통이 기쁨으로 느껴질 때, 그 느낌을 알고 있는가?

한
번
더!

One more!!

2,146km

1,073km

바로 여기에
0.1%의 비밀이
숨겨져 있다.

노력의 법칙

나는 노력하면 발전한다는 말에 회의적인 청년들을 만날 때면 안타까운 마음이 들곤 한다. 하지만 한편으로는 이해가 간다. 내가 이번 주에 열심히 공부한다고 해서 다음 주에 시험 성적이 오르지 않고, 이번 주에 열심히 노력하지 않는다고 해서 다음 주에 시험 성적이 크게 떨어지지도 않는 것을 경험한 사람들은 대부분 노력에 대한 의심과 편견을 갖게 된다.

하지만 이런 의심과 편견을 갖는 이유는 노력의 특징을 잘 모르고, 노력을 오해하고 있기 때문이다. 봄이 가면 여름이 오고 가을, 겨울이 오는 것처럼, 혹은 숫자 1 다음에 2, 3, 4가 순차적으로 오고 콩 심은 데 콩 나고 팥 심은 데 팥 나는 것처럼 세상에는 일정한 법칙이 존재하고 있다. 마찬가지로 나는 노력에도 하나님이 정해 놓으신 일정한 성공의 법칙이 있다고 믿는다. 그 법칙은 바로 '노력하면 발전하는 법칙'이다.

노력하면 발전하는 법칙!

이 간단한 법칙을 모르는 사람은 없다. 하지만 모두가 알고 있는 이 법칙을 실제로 따르는 사람이 많지 않다는 사실을 알고 있는가?

'노력하면 발전하는 법칙'은 자연의 법칙이며 하나님이 창조하신 창조의 법칙임에도 불구하고 우리는 왜 충분히 노력하지 않는가? 이 질문은 우리 모두의 질문인 동시에, 어쩌면 우리가 반드시 대답해야 할 질문인지도 모른다.

나는 "누구든지 최선을 다해 열심히 노력하면 성공할 수 있는가?"라는 아주 직접적이고 노골적인 질문을 받을 때마다 "그렇다"라고 답한다. 이 질문은 다른 의미에서, "재능 없이 노력만으로 되는가?"라는 질문일 수도 있고, 혹은 "만약 최선을 다해서 안 되면 당신이 책임질 수 있는가?"라는 질문처럼 들리기도 한다. 그리고 때로는 "내가 최선을 다해도 하나님이 허락하지 않으시면 안 되는 것 아닌가?"라는 되물음처럼 들리기도 한다.

이 많은 질문에 답하기 전에 내가 확신하고 있는, '실패하는 가장 확실한 한 가지 방법'을 먼저 말하고 싶다. 실패하는 가장 확실한 한 가지 방법은 바로 최선을 다해 열심히 하지 않는 것이다. 이 방법은 100% 실패를 보장한다. 우리는 지금까지 열심히 하지 않고 올림픽에서 메달을 땄다는 선수의 이야기를 들어 본 적이 없다.

자, 열심히 하지 않고는 성공하거나 발전할 수 없다는 사실을 확인했으니 이제 우리에게 남아 있는 또 다른 선택은 무엇일까?

그것은 바로 열심과 노력, 그리고 인내다.

이 책을 읽는 어떤 사람은 '최선을 다했음에도 주님이 허락하지 않으시면 어떻게 하지?'라는 마음이 들 수도 있다. 하지만 이러한 의심은 언제나 최선을 다하지 않고 있는 사람에게만 드는 생각이다.

최선은 곧 쉬지 않고 일하시는 하나님의 성품이기도 하다. 최선을 다하게 되면 곧 이러한 의심은 사라지고, 내부에서부터 흘러나오는 지속적인 기쁨과 만족감을 느끼게 될 뿐만 아니라, 발전하는 자신의 모습 속에서 오히려 미래에 대한 확신을 갖게 된다.

누군가 마음속에 '만약 열심히 했는데 충분히 발전하지

못하면 어떻게 하지?'라는 의심이 든다면 '내가 아직 최선을 다하지 않고 있구나'라고 생각해도 좋다. 우리가 우리의 현재 자리에서 최선을 다할 때 이러한 의심은 마음속에 들어설 공간이 없다.

"재능이 먼저인가, 노력이 먼저인가?"는 오랫동안 많은 사람 사이에서 논쟁의 대상이었다. 최근에는 과학적인 연구와 실험을 통해서 많은 논문이 쏟아져 나오고 있지만, 여전히 한쪽이 다른 한쪽보다 먼저라는 결론은 나오지 않았다. 많은 사람이 자신의 재능을 찾아 헤매는 오늘날, 재능과 노력을 바라보는 우리의 올바른 태도는 무엇일까?

나는 모든 사람이 각자 다양한 재능을 가지고 태어난다는 생각에는 반대하지 않는다. 그리고 재능을 발견하는 일은 여전히 중요하다고 여긴다. 하지만 재능은 값없이 주어지는 하나님의 선물이지, 우리가 선택할 수 있는 것이 아니다. 또한 내가 가진 재능과 내가 하고 싶은 일이 다를 수도 있다. 나는 어느 한편에 서려는 것이 아니라, 이미 정해진 재능보다 우리 앞에 놓인 현실 속에서 노력이 얼마나 중요하며, 실제로 노력이 어떤 결과들을 만들어 내는지에 대해서 말하고 싶다.

나는 기본적으로 누구든지 한 분야에서 10년 동안 최선을 다하면 다른 모든 사람으로부터 인정받을 만한 실력을 갖출 수 있다고 믿는다. 이것은 재능의 문제가 아니라 노력의 문제라고 생각한다. 물론 특별한 재능을 가진 누군가는 우리처럼 평범한 사람들이 10년 동안 만들어 낸 실력을 단 3년 만에 갖춘다고 말할 수도 있을 것이다. 그러나 그것은 특별한 사람의 특별한 이야기이지 우리 모두의 이야기는 아니다.

하나님은 우리에게 하루 24시간이라는 동일한 시간을 주셨고, 노력과 시간, 인내가 만나면 누구든 발전할 수 있는 은혜를 이미 허락하셨다. 단, 노력이 일정한 시간과 충분한 인내를 거쳐야만 결과가 나온다는 단서를 두셨을 뿐

이다. 물론 노력을 객관적으로 평가하기란 정말이지 어렵다. 어떤 사람은 2시간을 노력하고 충분하다고 생각하는 반면, 또 어떤 사람은 10시간을 노력하고도 충분하지 않다고 느끼기 때문이다.

우주선이 대기권을 벗어나기 위해 제2의 우주 속도를 낼 때 온도가 높고 속도가 빠르듯, 노력에 대한 결과도 한계점을 넘어설 때 더욱 발전한다. 체력이 강해지는 방법도 마찬가지다. 우리 몸은 힘든 근육 운동을 하면 시간이 지날수록 에너지가 소비되어 근력이 자연스럽게 떨어지고 휴식을 취하면 근력이 회복되기 시작한다.

기존의 체력보다 더 좋은 체력을 기르기 위해서는 반드시 자신의 한계를 넘는 근력 훈련을 해야 한다. 한계점을 넘는 근력 훈련은 미세한 근육의 파열을 가져오는데, 그 순간 통증이 발생한다. 이때 발생하는 통증이 바로 체력을 성장시키는 핵심이다. 그 통증과 함께 휴식을 취하면 근육의 조직이 회복되는 과정에서 근력이 이전보다 더 강해지는 것이다.

근육이 강해지기 위해서 자기 근력의 한계점을 넘어서는 고통을 감수해야만 하는 것처럼, 우리의 발전도 우리 자신의 한계점을 넘나드는 고통을 감수할 때만 드디어 속도가 붙기 시작한다.

재능?
찾지 마!

많은 사람이 자신이 하고 싶은 일을 찾아 최선을 다하기보다는 자신의 재능을 찾는 데 더 많은 시간을 소비한다. 그 이유는 무엇일까?

그 마음 밑바탕에는 '최소한의 노력으로 최대한의 결과를 얻으려는 경제 논리'가 숨어 있기 때문이다. 지름길을 찾는 사람들, 즉 시간과 노력만이 결과를 만들어 낸다는 사실에 의심을 품고 있는 사람들은 어떻게든 최대한 짧은 시간 안에 어떤 결과를 만들어 내는 것이 최고의 방법이라고 생각한다. 하지만 단언하건대, 최고 수준의 기술이 충분한 훈련과 노력, 그리고 일정한 시간 없이 만들어지는 경우는 없다.

세상 속 청년들은 물론이고 교회 안에서 만난 청년들조차도 충분한 시간을 두고 노력하면서 차근차근 자기 자신을 발전시켜 나가야겠다는 생각보다는 자신이 무엇을 잘하는지, 다시 말해 자신의 재능을 발견해 어떻게든 쉽게 성공하고 싶다는 생각을 숨기지 않았다. 그들은 음악을 잘하면 음악을 할 것이고, 미술을 잘하면 미술을, 체육을 잘하면 체육을, 공부에 재능이 있다면 당연히 공부를 하겠다는 식이었다.

안타깝게도 소수를 제외한 대부분의 청년들은 자신의 재능을 찾다가 그렇게 30대가 되었다. 게다가 어느 순간 재능을 찾는 일을 멈추고 상황과 환경에 지배당한 채 더 이상

재능을 찾기 위한 시간조차도 사용하지 못하는 자신을 발견한다고 했다.

재능은 찾는 것인가? 그리고 재능은 찾을 수 있는 것일까? 정말 재능이 누구든 찾을 수 있는 것이라면 왜 수없이 많은 청년이 30세가 넘도록 재능을 찾지 못한 채 헤매고 있는 것인가? 나는 이 질문들에 이렇게 답하고 싶다.

재능은 찾는 것이 아니라 만드는 것이다.

하나님은 우리 각자에게 재능을 주셨다. 그런데 그 재능을 노력과 인내, 그리고 시간으로만 찾을 수 있게 하셨다.

내가 생각하는 재능이란 이런 것이다. 나는 지금 피아노를 하나도 못 친다. 하지만 내가 오늘부터 하루에 8시간씩 3개월간 피아노 연습을 한다면 3개월 후에는 웬만큼 쉬운 곡들은 그럭저럭 연주할 수 있게 될 것이다. 그러면 나를 오래전부터 잘 아는 친구들은 갑자기 피아노를 치는 나를 보며 깜짝 놀랄 것이 분명하다. 그리고 이렇게 말할 것이다.

"너 피아노 연주할 수 있었어? 너 음악에 재능 있었구나?"

재능이란 이런 것이다. 피아노를 전혀 못 치던 내가 720시간을 연습하자 어느 정도 익숙해지고, 익숙하게 몇 곡을 연주할 수 있게 되자, 피아노 치는 것이 재미있어진다. 그리고 재미있어지니 더 열심히 하게 되고, 더 열심히 하면 당연히 잘하게 된다.

그렇다면 왜 우리는 만들면 되는 재능을 굳이 평생을 바쳐 찾으려고만 하는가? 음악에 대한 재능이 전혀 없던 내가 8시간씩 3개월, 총 720시간을 연습하자 드디어 재능이 생기기 시작했다. 물론 10년 이상 피아노를 친 피아니스트라면 내 연주 실력이 형편없다는 것을 한 눈에 알아보겠지만 말이다.

재능은
찾는 것이 아니라

만드는 것이다.

만약 재능을 찾아야겠다는 생각을 버리고 재능을 만들 수 있다고 생각한다면, 그리고 하나님이 우리 안에 노력하면 어떤 것이든 발전시킬 수 있는 능력을 주셨다고 믿는다면 이제 우리가 할 일은 무엇인가?

자신의 재능을 찾아 쉽게 성공하려는 마음을 버리고 하나님이 내 안에 숨겨 놓으신, 노력으로만 찾을 수 있는 은혜의 선물인 또 다른 의미의 재능을 찾아나서야 하지 않을까?

이제 내가 무엇을 하고 싶은가를 선택하기만 하면 된다. 그리고 10년이라는 시간을 생각하면서 노력과 인내, 고통과 좌절을 친구 삼아 천천히, 묵묵히 나아가면 된다. 그 시작은 지극히 작은 것이면 충분하다. 하고 싶은 일을 정하고 매일매일 한 걸음, 한 걸음씩 걸으면 된다. 우리가 좌절하는 이유는 할 수 없는 엄청난 일을 만났기 때문이 아니라, 오늘 할 수 있는 작은 일을 하지 않았기 때문임을 기억하면서 말이다.

지금

당장

할 수 있는 것을 하자.

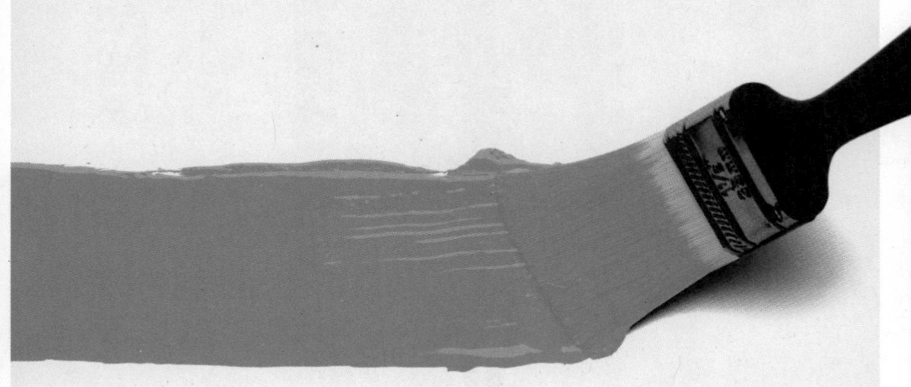

마침내 내가 도저히 할 수 없었던 일도
하게 될 것이다.

바로 보는 실패

어렸을 때 나는 〈성공시대〉라는 TV 프로그램을 좋아했다. 고난을 이기고 꿈을 이룬 사람들의 이야기가 매주 다큐멘터리 형식으로 방영되었는데, 당시 축구선수를 꿈꾸며 하루하루를 달려가던 나에게 큰 힘과 희망을 주었다.

그러던 중 나는 재미있는 공통점 하나를 발견했다. 그것은 바로 〈성공시대〉라는 프로그램에 나올 정도로 크게 성공한 사람은 우리가 상상할 수 없는 엄청난 실패를 경험했다는 것이었다. 그것도 한두 번이 아니라 수십 번의 위기와 실패를 경험한 사람들이 바로 TV 속 주인공들이었다. 엄밀히 말하면, 60분이라는 방영 시간 동안 단 5분만이 성공한 이야기이고 나머지 대부분은 주인공이 어린 시절에 감내한 고난과 고통, 그리고 비즈니스를 하면서 겪은 실패에 관한 이야기였다.

맨 처음 나는 '성공한 사람들의 이야기를 하면서 왜 실패한 이야기만 할까?' 하는 의구심이 있었다. 하지만 실패하는 것이 곧 성공이라는 사실을 알게 되었고, 성공은 언제나 실패 속에서만 찾을 수 있다는 진리를 깨닫게 되었다.

청년 집회를 할 때마다 지금 자신이 가는 길이 너무 힘들고 지쳐서 포기하고 싶다고 말하는 청년을 반드시 한 명 정도는 만나게 된다. 누구든 꿈을 이루기 위해 최선을 다해 달려가는 중에 상황이 절망적이어서 포기하고 싶은 충동에 빠질 때가 있다. 때로는 절대로 넘어설 수 없을 것 같은 자신의 한계와 마주하기도 한다. 그러나 꿈을 이루는 과정에서 느끼는 절망감은 그저 일시적인 감정일 뿐, 실제로 우리를 절망 속으로 밀어 넣을 힘을 갖고 있지 못하다.

2005년 여름 네덜란드 PSV 아인트호벤에서 막 EPL 토트넘 홋스퍼 FC로 이적해 영국 생활을 시작하려던 시기에 한 기자가 나에게 이런 질문을 했다.

"이영표 선수는 1999년 대표 선수가 된 이후 어떻게 지금까지 한 번도 실패하지 않고 계속 위로만 올라갑니까?"

이 질문에 나는 충격을 받았다. 기자와 인터뷰하던 날에도 오전 팀 훈련을 하면서 나 자신의 한계와 절망감을 느끼고 있었기 때문이다.

나는 그날 인터뷰가 끝나고 집으로 돌아오는 길에 내 인생 전체를 돌아보는 시간을 가졌다. 내 인생에서 가장 중요하다고 생각했던 순간들이 있었다. 정말이지 간절하게 우승을 고대했던 결승전, 내가 가고 싶은 팀의 스카우터가 경기를 지켜보고 있었던 중요한 경기들. 결론적으로 나는 당시 '만약 오늘 경기에서 이기거나 잘하지 못하면 내 축구 인생은 끝이다'라는 생각을 가졌었다. 그리고 그러한 생각을 가졌던 대부분의 경기에서 나는 졌고, 경기력은 말 그대로 엉망이었다.

그러나 시간이 지나고 보니 실패라고 생각했던 대부분의 일들이 실제로 실패가 아니었을 뿐만 아니라, 오히려 그 실패감이 나로 하여금 더 발전하고 노력하도록 하는 밑거름이 되었다는 사실을 알게 되었다.

우리가 목표를 향해 나아갈 때 어려움과 고통스러운 순간을 만난다면, 그래서 절망감과 패배감으로 가득 차 일어설 힘조차 없다고 느낀다면 그것은 자신이 발전하고 있다는 증거이며, 성공을 향해 제대로 가고 있다는 사인이다.

그러므로 우리는 길에서 위기를 만날 때마다 슬퍼할 것이 아니라 오히려 기뻐해야 한다.

고통과 절망,
포기하고 싶은 충동과 자신의 한계를 경험하는 것!

누군가 지금 이런 상황에 놓여 있다면 그는 지난날 자신의 꿈을 이룬 사람이 지나간 바로 그 길 위에 서 있는 사람이라고 말해 주고 싶다. 그리고 지금 만난 그 벽은 돌아서 가야 하는 것이 아니라 밀고 넘어가야 하는 것이라고 말해 주고 싶다.

도저히 내 능력으로는 넘을 수 없다고 느껴지는 그 벽은 부딪칠수록 나에게 공포감과 절망감을 안겨 줄 것이다. 하지만 잊지 말아야 한다. 내가 벽에 부딪칠 때마다 마치 벽이 너무나 견고하고 높아서 내가 쓰러진 것처럼 느껴지지만, 시간이 지나고 보면 사실 벽에 부딪쳐 쓰러진 것이 아니라 오히려 벽을 밀어 냈던 것이었음을 말이다.

고통과 좌절을 느끼는 딱 그만큼이 나의 성공의 크기라면 우리가 왜 고통과 실패, 좌절을 두려워하겠는가? 오히려 반가워해야 하지 않을까?

법칙 9

첫째, 노력은 정직이다.

30년 동안 운동을 하면서 가장 확실하게 느낀 한 가지는 이렇다. 만약 내가 10방울의 땀을 흘리면 정확하게 10방울의 땀만큼 발전하고, 10시간을 공부하면 정확히 10시간만큼 발전한다는 사실이다. 우리가 10방울의 땀을 흘렸는데 9방울만큼 발전했다고 느끼거나, 10시간을 공부했는데 11시간만큼 발전했다고 느끼는 것은 그저 느낌일 뿐 사실이 아니다. 노력에 대한 결과는 정확히 노력한 시간과 흘린 땀방울에 비례한다.

둘째, 노력은 선택이다.

우리의 삶은 항상 '하고 싶은 일'과 '해야 하는 일'이 겹친다. 공부를 해야 하는데 놀고 싶고, 훈련을 해야 하는데 쉬고 싶다. 이때 우리의 선택이 바로 미래의 나를 결정한다.

인생에서 '하고 싶은 일'과 '해야 하는 일'이 겹칠 때 우리가 명심해야 할 점이 있다. 만약 어떤 청년이 하고 싶은 일과 해야 하는 일 중에서 하고 싶은 일을 먼저 한다면 그는 나중에 해야 하는 일을 하며 살 수밖에 없다. 하지만 만약 해야 하는 일을 먼저 한다면 그는 나중에 하고 싶은 일을 하며 살 수 있다는 사실이다.

이 땅을 살아가는 모든 청년은 둘 중에서 어떤 것을 먼저 할지에 대해 선택권을 갖고 있다. 각자의 선택으로 인해 인생의 후반전에 내가 하고 싶은 일을 하며 살 수도 있고, 내가 해야만 하는 일을 하며 살 수도 있다는 사실을 기억하자.

셋째, 노력은 질량의 법칙이다.

물체의 질량에 따라 에너지의 양이 달라지는 것처럼, 노력을 통해서 느끼는 고통의 양에 따라 우리의 능력이 달라진다.

의외로 많은 청년이 고통과 인내 없이, 혹은 최소한의 고통과 노력으로 최대한 발전하는 방법을 찾아 헤맨다. 그러나 꿈을 이루는 데 지름길이란 존재하지 않는다. '더 많은 고통과 더 많은 인내, 그리고 더 많은 노력'이 내가 발견한 유일한 지름길이다. 노력에도 고통이 따르고, 원하지 않은 결과에도 고통이 따른다. 그러나 노력에서 오는 통증이 더 견디기 쉽다.

넷째, 노력은 시간이다.

쉽게 말해, 오늘의 나는 지난 시간 나의 노력이 만들어

낸 결정체다. 오늘 노력해도 발전을 느끼지 못하고, 노력하지 않아도 퇴보를 경험하지 않는다고 해서 내가 발전하고 있지 않거나 퇴보하지 않는 것이 아니다. 과거 내 삶의 습관의 결정체가 오늘의 나 자신이라면, 그리고 지금 나 자신이 마음에 들지 않는다면 우리는 지금까지 살아온 삶의 습관을 바꾸어야 한다.

지금 자신의 나이가 25세이든 35세이든 상관없이 오늘의 내가 마음에 들지 않는다면 앞으로 10년간 한 분야에 집중해 보라. 정직하게 최선을 다하고, 콩 심은 데 콩 나고 팥 심은 데 팥 난다는 사실을 믿어라. 분명하고 정확히 자신이 흘린 땀방울만큼 발전한다는 사실을 믿고 나가라. 사과나무에 사과가 열리듯 당연하게 발전한 자신을 보게 될 것이다.

다섯째, 노력은 겸손이다.

노력은 자신이 무언가 부족하다는 사실을 깨닫고 발전하기 위해 하는 행위다. 흔히 자기 자신을 낮추는 사람을 가리켜 '겸손한 사람'이라고 부른다. 그러나 진짜 겸손한 사람은 "저는 잘 못합니다"라고 말하는 사람이 아니라, 자신이 부족하다는 사실을 아는 만큼 더 열심히 노력하는 사람이다. 겸손하게 말하기보다 진짜 겸손한 사람이 되자. 노력이 곧 겸손이다.

여섯째, 노력은 자신감이다.

자신감은 어디에서 오는가? 자신감은 '자신감을 갖자!'라는 자기 다짐에서 오지 않는다. 진짜 자신감은 실력에서 온다. 자신에게 실력이 있다면 자신감이 생긴다. 또 하나, 자신감은 노력 그 자체에서 온다. 실제로 실력이 조금 부족하더라도 스스로 충분히 노력하고 있다는 생각이 들면 노력 자체가 자신에게 기쁨이 되고 곧 자신감을 불러일으킨다.

자신감이 실제 실력만이 아니라 노력에서도 온다는 사실을 발견한 사람에게 성취는 얼마 남지 않았다.

일곱째, 노력은 점이다.

노력은

점을

선으로

만드는 일이다.

Dot

Dot

Dot

Line!!

하얀 종이에 점 하나만 있으면 방향을 예측할 수가 없다. 그러나 매일같이 노력이라는 점을 찍어 나가면 곧 선이 되고, 이어지는 선을 통해 우리는 자신이 원하는 그림을 그려 나갈 수 있다. 그리고 어제와 오늘 내가 찍어 놓은 점들이 선이 되어 내일 내가 찍어야 하는 점의 방향을 제시해 줄 것이다. 이 선은 다른 사람들의 눈에는 보이지 않지만, 어느 순간부터 나 자신에게 보이는 미래가 되어 희망이라는 기쁨으로 나를 이끌어 준다.

여덟째, 노력은 앎이다.

열심히 하면 발전한다는 사실을 모르는 사람은 없다. 몰라서 못하는 사람과 아는데 하지 않는 사람, 둘 사이에는 어떠한 차이도 존재하지 않는다. 행동으로 이어지지 않는 앎은 곧 모름이다. 아는 사람과 모르는 사람을 구분하는 기준이 지식의 차이가 아니라 행동의 차이라면, 행동으로 이어지지 않는 지식은 지식이 아니다. 뭐든지 '잘 아는 사람'이 되지 말고, 뭐든지 '잘 하는 사람'이 되자.

아홉째,

그리고

노력은

하나님에 대한 순종이다.

노력은

하나님에 대한 순종이다.

의무가 권리다

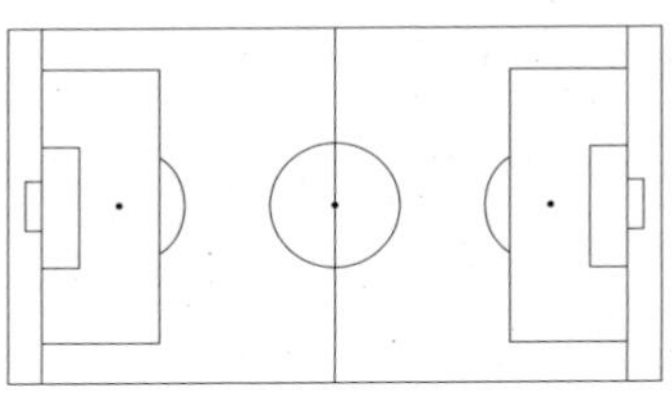

축구 경기장은 터치라인, 골라인, 하프라인 등 모두 라인(선)으로 구성되어 있다. 이 라인들은 축구를 하는 모든 사람이 반드시 지켜야 하는 질서와 규칙을 의미하기도 한다. 재미있는 것은, 경기장의 모든 라인은 상황에 따라 자기편이 되기도 하고 상대편이 되기도 한다는 사실이다.

축구공이 상대 팀 선수를 맞고 라인 밖으로 나가 아웃이 되면 자기 팀에게 공격권, 즉 '권리'가 주어진다. 한편 내 몸에 맞은 공이 라인 밖으로 나가면 공을 상대 팀에게 돌려주는 '의무'를 다해야만 한다. 이런 의미에서 본다면, 축구 경기장의 라인은 우리가 이 세상을 살아가면서 누려야 할 '권리'와 사회의 구성원이라면 지켜야 하는 '의무'와 닮은 점이 많다.

내가 경기장 안에서 규칙을 지키는 것이 나의 의무라면, 상대가 경기장에서 규칙을 지키는 것은 나의 권리가 된다. 내가 누려야 할 나의 권리는 곧 내가 나의 의무에 최선을 다하는 것에서부터 시작되며, 나 스스로 지켜야 할 의무에 최선을 다하는 것이 곧 나의 권리가 된다.

오늘을 살아가는 대한민국에도 우리가 누려야 할 권리와 지켜야 할 의무가 존재한다. 많은 사람이 누려야 할 권리와 지켜야 할 의무가 다른 단어라고 생각한다. 하지만 실제로는 내가 나의 의무의 의미를 온전히 이해하고 지키기 위해 최선을 다할 때 나의 권리가 자연스럽게 지켜진다.

하나님을 믿는 사람은 나의 권리가 정확히 내가 지킨 의무만큼만 나에게 돌아온다는 사실을 믿는 자다. 내가 누려야 할 권리는 내가 지켜 온 의무에 비례한다는 사실을 잊어서는 안 된다. 진정한 권리는 나의 권리를 찾고 주장함으로써가 아니라 먼저 나 자신이 주어진 의무에 최선을 다할 때 비로소 자연스럽게 찾아진다.

우리가 권리를 주장하는 것만큼 열정적으로 의무를 다하지 않는다면 우리가 주장하는 권리는 진짜 우리의 것이 되지 못한다는 사실을 기억하자.

Keep the ball

처음 교회에 출석하고 성경 공부를 하며 하나님을 알아 가는 과정 속에 수없이 많은 질문과 풀리지 않는 의문이 내 마음을 괴롭혔다. 그중에서도 부와 가난에 관해 '과연 하나님은 공평하신 분인가?' 하는 의구심이 머릿속에서 떠나지 않았다.

'정말 하나님이 공평하신 분이라면 이 세상의 부와 가난은 어찌해서 나누인 것이며, 어떻게 한쪽에서는 너무 많이 먹어 비만으로 사람들이 쓰러져 나가고 다른 한쪽에서는 먹지 못해 죽어 나가는 일이 벌어질 수가 있는가?'

솔직히 말해, 내 눈에 비친 세상은 공평하지 않았다. 어떤 사람은 풍족한 나라에서 태어나 비만으로 고통받고 어떤 사람은 가난한 나라에서 태어나 기아로 고통받는다. 착한 사람들이 힘들게 사는 모습이나 악해 보이는 자들이 편하고 행복하게 살아가는 모습을 보노라면 더더욱 공평과 정의의 하나님은 세상에 존재하시지 않는 듯 느껴졌다. 나는 마음속에 이런 의문이 들었다.

'정말 하나님이 살아 계신 분이고 공평하신 분이라면 어떻게 세상이 이렇게 불공평할 수가 있을까? 정말 하나님은 살아 계시며 공평하신 분이 맞을까?'

나는 이 질문을 여러 목사님과 선교사님들, 그리고 하나님을 믿은 지 꽤 오래된 분들께 기회가 있을 때마다 던지곤 했다. 하지만 긴 시간 내 마음속에 뭉쳐 있는 무언가를 해결해 주는 시원스런 대답은 듣지 못했다.

그러던 어느 날 우연히 책을 읽다가 한 글귀를 발견했다.

"오늘날 지구상에 살고 있는 모든 그리스도인이 하루에 100원씩만 가난한 사람들에게 나누어 준다면 이 세상에 존재하는 모든 가난과 기근은 사라질 것이다."

나는 깊은 충격을 받았다. 그 순간까지 이 세상이 불공평한 것은 모두 다 하나님의 책임이라고 생각했다. 하지만 그 글귀를 읽고 난 후 이 세상이 불공평해진 이유는 하나님이 불공평하셔서가 아니라 바로 나 자신 때문이라는 사실을 깨닫게 되었다. 어려운 사람들에게 하루에 100원조차 나눌 생각을 하지 않으면서 세상의 공평을 따지고 있는 나의 모습은 얼마나 이중적인가!

또한 하나님은 내가 생각하는 공평과 하나님이 생각하는 공평의 차원이 다르다는 사실도 알려 주셨다. 그전까지 내가 생각한 공평이란 배고픈 아이 세 명 앞에 놓인 3개의 빵을 하나씩 나누어 주는 것이었다. 3개의 빵을 세 명의 아이들에게 하나씩 나누어 주는 것만큼 공평한 일이 어디 있겠는가. 하지만 하나님의 방법은 달랐다. 하나님은 3개의 빵을 한 아이에게 모두 주셨다. 그러고는 말씀하셨다.

나눔, 바로 이것이 세상의 공평을 이루는 하나님의 방법이었고, 우리에게 "서로 사랑하라"고 명령하신 이유였다.

하나님은 우리가 하나님이 우리에게 주신 것을 감사함으로 누리는 데 만족하지 않고 나눔을 통해 서로를 사랑할 때 더 큰 기쁨을 누릴 수 있다는 사실을 알려 주셨다. 하나님이 불공평하신 것이 아니다. 나눠야 할 내가 나누지 않음으로 이 세상이 불공평해졌는데 나는 그 책임을 하나님께 돌리고 하나님께 따지고 들었던 것이다.

나눔은 마치 축구에서의 패스와 같다. 축구 경기를 해 본 사람이라면 누구나 느낄 것이다. 패스를 하지 않으면 경기는 이루어지지 않는다.

하지만 내가 어렸을 때 축구에 빠진 이유는 축구의 기본인 패스가 아니라 드리블 때문이었다. 공의 움직임과 나 자신의 움직임을 통해 상대를 마음대로 조종하고 속이는 기쁨에 흠뻑 빠져 있었다. 그때 나는 동료들이 공을 기다린다는 생각조차 하지 못했다. 내가 개인적인 욕심에 빠져 공을 오래 소유할수록 동료들은 지쳐 갔다.

시간이 지나고 축구를 점점 더 알아 갈수록 축구를 하는 기쁨은 혼자 즐기는 드리블이 아니라 함께 즐기는 패스 곧 나눔이라는 사실을 깨닫게 되었다.

특히 해외에서 선수 생활을 하면서 훈련장에서 선수들

끼리 가장 많이 주고받는 말은 "Keep the ball"이다.

"공을 소유하라."

언뜻 들으면 공을 소유하고 있으라는 말처럼 들린다. 그렇지만 축구에서 이 말의 진짜 의미는 "혼자 공을 소유하라"가 아니라 "빨리 패스해서 우리가 공을 소유하자"다. 패스하는 것이, 즉 공을 다른 선수와 함께 나누는 것이 상대팀 선수로부터 공을 지키는 가장 좋은 방법이기 때문이다.

축구는 22명의 선수들이 공 하나를 가지고 90분 동안 플레이하는 경기다. 하지만 실제로 한 경기에서 선수들이 공을 가지고 진행하는 플레잉 타임은 60분이 채 되지 못하고, 22명의 선수들이 한 경기에서 개인적으로 공을 소유하는 시간은 불과 2분 30초 정도밖에 되지 않는다.

90분이라는 축구 경기에서 고작 2분 30초밖에 공을 가지고 있을 시간이 없고, 공을 가진 선수에게 TV 카메라와 수만 명 관중의 시선이 쏠리고 모든 관심이 집중되다 보니 축구선수라면 누구나 본능적으로 자기에게 온 공을 오래 소유하고 싶어 한다. 그러나 축구를 즐길 줄 아는 최고의 선수일수록 소유, 곧 드리블은 패스 줄 곳이 없다고 판단될 때 쓰는 마지막 선택 카드일 뿐이다.

처음 축구를 배울 때 나에게 소유의 목적은 그저 1인칭 단수에 지나지 않았다. 하지만 프로선수가 되고 축구의 진정한 의미를 이해하면서 축구에서의 소유(Keep the ball)란 드리블의 1인칭 단수가 아니라 패스의 2인칭과 3인칭 복수라는 사실이 점점 더 뚜렷해져 갔다.

대부분의 사람들은 나누면 내 것이 사라진다고 생각한다. 때로는 나누고 싶어도 정말 나눌 것이 없다고 느껴질 수 있다. 나 역시 처음에는 "하나님, 먼저 채워 주세요. 그러면 그것으로 나눌게요"라고 기도한 적이 있다.

세상의 법칙만 생각한다면 나누면 줄어든다는 말이 맞는 것처럼 느껴진다. 실제로도 세상 사람들은 나누는 것보다 더 소유하는 것에 관심이 많다. 세상의 법칙, 수학 공식은 나누면 적어지거나 없어지지만 그리스도인은 세상의 법칙보다, 수학 공식보다 하나님의 법칙을 더 믿고 따르는 사람들이다. 우리가 하나님의 방법을 좇아 먼저 나누기 시작할 때 하나님은 거꾸로 채우기 시작하신다.

나눔의 또 다른 말이 있다면,
그것은 곧 채움이다.

채우기 위한 최선의 방법이 나눔이라는 사실을 아는 사람이라면, 채움과 나눔은 다른 말이 아니라 한뜻을 가진 단어임을 알 것이다.

소유에 집착하느라 드리블만 했던 나에게 하나님은 패스가 곧 소유라는 사실을 알려 주셨다. 그리고 드리블보다 패스가 더 즐겁고 행복한 기술이라고 말씀해 주셨다. 내 소유의 공을 빠르게 패스할 때 팀의 점유율이 높아지고 결국

골로 이어져 승리를 이끌어 내는 것처럼, 우리의 삶도 많이 나눌 때 결국 세상에서 이길 수 있다.

축구를 잘하는 방법은 3가지가 있다.

패스하라.

빨리 패스하라.

더 빨리 패스하라.

우리의 삶도 잘 사는 방법이 있지 않을까?

나누라.

많이 나누라.

더 많이 나누라.

It's not fair

캐나다 밴쿠버에서 선수 생활을 하던 어느 날 오후, 훈련이 끝나고 집에 와 보니 이제 막 6살 된 둘째 딸아이가 친구들과 함께 놀고 있었다. 잠시 그 모습을 지켜보던 나는 아이들이 반복적으로 하는 말에 관심이 가기 시작했다. 네 명의 아이들이 함께 장난감 놀이를 하면서 모두가 하나같이 계속해서 외쳤다.

"It's not fair!"

나는 궁금했다. 아직 공평과 불공평을 이해하기에 아이들이 어리다고 생각했기 때문이다. 도대체 어떤 상황이 그렇게 불공평한지도 궁금했다. 나는 한참 동안 아이들이 노는 모습을 지켜봤다.

가만 보니, 아이들은 서로 장난감 놀이를 하면서 자기 마음에 들지 않거나 뜻대로 되지 않을 때면 아무 생각 없이 "It's not fair!"를 외치고 있었다. 아이들에게 공평과 불공평의 기준은 전적으로 자기 자신, 바로 '나'였다. 상대의 상황이나 전체를 생각하지 않고 네 명의 아이들이 철저하게 자기 기준으로 공평을 판단하고 불만을 터뜨리는 모습을 보니 피식하고 웃음이 나왔다.

하지만 잠시 후 나는 마냥 웃을 수만은 없었다. 아이들이 불공평하다고 외치는 그 왜곡되고 이기적인 기준이 바로 내 안에도 동일하게 있다는 사실을 발견했기 때문이다.

나는 스스로에게 이렇게 질문했다.

'지금까지 내가 살아오면서 내뱉었던 수없이 많은 불평과 불만은 과연 정당했는가? 그리고 지금 이 순간에도 마음만 먹으면 언제든지 찾아낼 수 있는 내 마음속 불만과 불평들은 정말 옳은가?'

나와 타인들 사이에서 일어나는 모든 일에서 이미 나는 객관성을 잃었음에도 불구하고, 긴 시간 지극히 주관적이고 개인적이었을 나의 불평과 불만들을 생각하니 아이들 앞에서 웃을 일이 아니었다.

솔직히 말하면, "It's not fair!"를 더 많이 외치고, 더 강하게 주장하는 것은 6살 아이들이 아니라 바로 우리다. 실제로 지금 이 순간에도 사회 곳곳에서 심각한 불공평이 일어나고 있고, 수많은 사람이 불공평을 외치고 있다. 그들은 사회가 자신에게 불공평하게 돌아간다고 말한다. 물론 정당하게 외치는 그들의 말은 자랑스러운 외침이기도 하다. 하지만 우리가 외치는 많은 불공평이 사실은 오히려 더 불공평할 수 있다는 사실을 인정해야 한다.

또한 우리 중 대다수가 평등과 공평을 이해하지 못하고 있다. 'It's not fair'가 진정한 'It's not fair'가 되기 위해서는 먼저 평등과 공평에 대한 올바른 이해가 필요하다. '평등'이란 모든 사람에게 차별 없이 동일한 기회를 제공하는 것이고, 그 평등의 기회 속에서 최선을 다한 사람들에게 더 나은 기회가 제공되는 것이 바로 '공평'이다.

그런데 평등한 기회가 제공되어야 함에도 불구하고 모두에게 그 기회가 동일하게 돌아가지 않는 것이 잘못된 일인 것처럼, 정당하게 최선을 다해 기회를 잡은 사람들에게 더 나은 기회가 제공되는 것이 잘못되었다고 말하는 것 또한 올바르지 않다.

어떤 사람들은 열심히 노력하지 않은 채 더 많은 것을 가져가려고 한다. 심지어 나보다 더 많이 가져가는 사람을 향해 무조건 “It's not fair!”를 외칠 때가 있다. 혹시 나 자신도 노력 없이 그저 시기심과 질투심으로 불공평을 외치고 있는 것은 아닌지, 한 번쯤은 되돌아볼 일이다. 생각보다 많은 사람이 자신의 실력을 향상시킬 노력에 집중하기보다는 경쟁 상대를 끌어내려 자기 아래에 둠으로써 상대보다 우월해 보이려는 심리를 지니고 있다.

우리가 어떤 일에 실패했을 때 그 원인은 다양하다. 그러나 그 원인을 사회 구조나 타인에게서 찾는 사람은 안타깝지만 성장하거나 발전하기가 쉽지 않다. 인류는 한 번도 공정한 적이 없었다는 사실을 깨닫고 재빨리 실패의 원인이 나에게 있음을 알아, 쉽게 바꿀 수 없는 사회 구조나 타인이 아닌 나 자신을 변화시키기 위해 노력해야 한다.

이 말은 세상에 순응해 거짓과 불의 앞에 무릎 꿇으라는 의미가 아니다. 주님이 우리에게 허락하신 방법으로 더 성실하게, 바르게 모든 일에 임하라는 뜻이다.

우리는 공평하지 않은 세상을 판단하는 것만큼이나 나

의 공평하지 않은 마음을 들여다보아야 한다. 그렇지 않으면 10년이 지난 후에도 6살 아이들처럼, 많은 사람이 모이면 모일수록 "It's not fair!"만 남발하며 살게 될지도 모른다.

때로는 세상의 불공평보다
나 자신이 더 불공평할 때가 있다.

잘못된 기준

두 종류의 계단을 각각 오르는 두 사람이 있다. 앞서 가는 사람은 가지런하고 촘촘히 놓인 계단을 힘들이지 않고 걷는다. 반면 뒤에 선 사람은 온몸으로 겨우 하나 오를까 말까 한 높은 계단에 대롱대롱 매달려 고군분투하고 있다. 둘의 목표는 같다. 저 높은 정상이다.

'불공평'이라는 단어를 떠올리게 하는 그림이다. 그러나 보면 볼수록 앞서 가는 사람은 편하게, 뒤에 선 사람은 더 어렵게 오르고 있을 뿐 정상으로 올라간다는 점에서 두 사람 사이에는 어떤 차이도 없어 보인다.

뒤에 선 사람은 성공이 전부였던 나의 어린 시절 모습이기도 하다. 그리고 축구를 하며 그렇게 오르고 싶어 안간힘을 쓰다가 기어이 오른 곳이 정상이다. 그곳에서 내가 느낀 것은 잠깐의 만족 뒤에 찾아온 기나긴 허무함뿐이었다.

성공만이 삶의 기준이었던 어린 시절의 나 자신에게 이 그림은 100% 불공평을 의미했지만 이제는 불공평의 문제가 아니라 가치관의 문제를 말하고 있는 것처럼 느껴진다.

“인간에게는 두 가지 비극이 있다.
하나는 자신이 원하는 것을 갖지 못하는 것이고,
다른 하나는 자신이 원하는 것을 갖는 것이다.”

오스카 와일드

아일랜드의 극작가 오스카 와일드의 말대로라면, 돈을

밟고 앞서 올라가는 사람이나 돈 없이 뒤처져 가는 사람이나 모두 비극을 향해 달려가고 있는 중이라는 면에서는 별로 다를 것이 없다.

단순히 불공평의 의미가 돈과 명예로 구분된다면, 우리가 느끼는 불공평한 기분 또한 웬일인지 그리 옳아 보이지 않는다. 우리가 돈과 명예보다 조금 더 높은 수준의 것들을 바라보고 사는 사람들이라면 더 이상 이 그림에서 불공평한 감정을 느끼지 않았으면 좋겠다.

하나님 앞에 불공평하다고 느끼는 우리의 불평이 사실은 비극을 구하고 있었던 것이라면 이제 비극을 축복처럼 착각하는 생각에서 벗어나 보다 더 높은 곳을 바라보자. 돈과 명예, 그리고 성공만이 축복이라고 생각하는 왜곡된 가치관 자체가 어쩌면 하나님이 보시기에 더 불공평할 수도 있다.

마치 일정한 흐름 안에 있으면 어느 순간 그 흐름 자체를 인식하지 못하게 되는 것처럼, 우리가 세상의 흐름 속에서 세상의 흐름을 인식하려는 시도는 어쩌면 불가능한 일인지도 모른다. 그래서 흐름을 인식하기 위해 세상이라는 흐름 밖으로 나와 또 다른 시선으로 세상을 바라볼 필요가 있다.

흐름 속에서는 중요하고 소중해 보였던 일들이
흐름 밖으로 나왔을 때
무가치하다는 사실을 깨닫게 된 적이 얼마나 많았던가.

눈물은 항상 옳은가?

2015년 1월 호주에서 있었던 아시안컵이 끝나고 환태평양 원주민 선교를 하시는 선교사님을 만나기 위해 잠시 뉴질랜드 오클랜드를 방문한 적이 있다.

뉴질랜드 오클랜드의 최고 관광지이며 시내 전경이 한눈에 내려다보이는 콘월공원 분화구 정상에는 200여 년 전 백인들과 뉴질랜드 원주민들 사이에 이루어진 평화 협정을 기념하며 세운 와이탕이조약기념탑이 자리하고 있었다.

선교사님과 그곳을 방문했을 때 엄청나게 큰 나무 그루터기가 눈에 띄었다. 수년 전 백인들이 평화 협정을 이행하지 않고 여전히 원주민들의 인권과 권리를 지켜 주지 않은 부당함에 항의하던 원주민 족장이 근 천 년 가까운 수령의 나무를 전기톱으로 잘라 버렸던 것이다. 그 원주민은 20년이 넘는 중형을 선고받았다.

선교사님은 분화구 정상에 자리한 웅장한 나무가 사라져 버린 그날, 오클랜드의 수많은 사람이 검은색 깃발을 내걸고 슬퍼하며 울었다고 말해 주었다.

나는 오클랜드의 상징적인 나무가 사라지는 걸 보며 눈물을 흘린 백인들이 정작 함께 살아가고 있는 원주민들을 향해서는 흘릴 눈물이 한 방울도 남아 있지 않은 것에 놀랐다. 나무를 위해 울고 있는 백인들과 나라를 빼앗겨 버린 원주민들의 눈물, 그 앞에 서 있는 나의 기분은 묘하게 혼란스러웠다.

눈물은 사람들의 진심을 대변하곤 한다. 그러나 그 진심이 언제나 올바른 것은 아니다. 뉴질랜드를 떠나 한국으로 돌아오는 비행기 안에서 나 역시 내가 사랑하는 나무 때문에 더 중요한 것을 잊고 사는 것은 아닌지 한참을 생각했다.

거짓말

내가 하나님께 정말 받고 싶은 것이 있다면 그것은 지혜와 정직이다. 어린 시절 내게는 아주 결정적인 순간에 정직하지 못했던 몇 번의 모습들이 있었다. 그리고 그 모습들은 지금 생각해도 부끄럽기 짝이 없다.

토트넘에서 선수 생활을 하던 어느 날, 당시 토트넘의 마틴 욜 감독이 오전 운동을 하기 위해 운동장으로 향하던 나에게 다가와 갑자기 어깨동무를 하며 질문했다.

"영표, 지금 나이가 몇이지?"

순간 나의 의지와 상관없이 내 머리는 빠르게 계산을 하고 있었다. 축구에서 선수의 나이는 곧 선수의 가치를 말한다. 나이가 어리면 어릴수록 선수의 가치가 올라가기 때문이다.

한국은 태어나는 순간 한 살이지만 유럽은 태어나서 생일이 되어야 한 살이 된다. 한국에서는 해가 바뀌면 한 살을 더 먹지만 유럽에서는 해가 바뀌어도 생일이 지나지 않으면 나이를 먹지 않는다. 그래서 어떤 때는 한국 나이와 유럽 나이가 2살 차이가 나기도 한다.

당시 나의 정확한 나이는 만 29살이었다. 그러나 나는 1초라는 짧은 시간 동안 계산을 한 후 마틴 욜 감독에게 28살이라고 거짓말을 하고 말았다.

이 일은 29살을 28살이라고 말해 버린, 단순한 문제가 아니었다. 이 거짓말 안에는 나 자신을 포장하여 이득을 취하려는 생각과 함께 이득을 위해서라면 남도 속일 수 있다는 무서운 죄의 본성이 숨어 있었다.

그날 나는 오전 내내 훈련에 집중할 수가 없었다. 나는 그리스도인이었으며, 사람들 앞에서 가끔 간증도 하던 시기였다.

훈련이 끝나고 집으로 돌아가 곰곰이 생각해 보았다. 만약 나에게 1분이라는 시간이 주어졌다면 분명히 나이를 속여 이득을 보려는 생각을 눌렀을 것이다. 유혹을 받았겠지만 '하나님을 믿는 사람이기에 정직하자'라고 다짐했을 것이다. 그러나 나에게 1초는 내가 정말 정직한지 아닌지를 가늠하는 날카롭고도 예리한 시간이었다.

도저히 피해 갈 수 없는 시간, 1초.
그 앞에서 나는
진정한 그리스도인이 아니었다.

교만

영국에 처음 진출했을 때 나는 2년 동안 거의 매일 겸손을 묵상했다. 지금은 더 그렇지만, 2000년대 중반 잉글랜드 프리미어 리그(EPL)는 전 세계 모든 축구선수가 뛰고 싶어 하고, 동경하는 리그였다. 당시 나는 축구 인생의 최고 정점에 이른 지금이야말로 내가 진짜 겸손한 사람인지 아닌지를 알 수 있는 최고의 기회라고 생각했다. 그리스도인다운 모습으로 그곳에 서 있고 싶었기 때문이다.

그렇게 겸손을 묵상하며 2년이라는 시간이 흐르면서 나의 외적인 모습과 나의 내면이 겸손과 어느 정도 잘 어울린다는 느낌을 받고 있었고 내 마음속 깊은 곳에서 이런 생각이 떠올랐다.

'2년 정도 겸손을 묵상하고 최선을 다했으니 이 정도면 나는 겸손한 사람이야!'

그런데 그 순간 허탈감이 몰려왔다. 겸손을 묵상한 2년이라는 시간의 끝에서 내가 발견한 것은 기대했던 겸손이 아니라 교만이었다. 그때 나는 내가 존재적으로 겸손할 수 없는 사람이라는 사실을 발견했다. 그리고 그 일을 통해서 이렇게 다짐했다.

'나는 존재적으로 겸손할 수 없다는 사실을 알았으니 이제 겸손한 사람이 되려 하지 말고 절대 겸손할 수 없는 존재라는 사

실을 인정하는 사람이 되자.'

죄의 본성은 내가 생각했던 것보다 더 무섭고 치밀했으며, 어떤 의미에서 내 존재 자체가 바로 죄라는 생각까지 들었다.

다행히 허탈한 마음이 오래가지는 않았다. 왜냐하면 나 자신에 대한 실망감이 나로 하여금 하나님 말씀 앞으로 더 가까이 나아가게 했기 때문이다. 또한 하나님 앞에서 겸손할 수 없는 나의 교만한 마음을 솔직하게 고백하자 하나님은 위로와 평안, 기쁨의 은혜를 허락해 주셨기 때문이다. 문득 이런 생각이 들었다.

'우리가 행복해지는 것은 겸손해서도 아니고, 정직해서도 아니다. 단지 하나님 앞에 나의 연약함과 부족함을 있는 모습 그대로 고백하고 주님과 함께하기만 하면 되는 것이다. 그런데 나는 정직함과 겸손함으로 하나님으로부터 혹은 사람들로부터

인정받고 칭찬받으려고 했던 것은 아니었나!'

그렇다. 겸손하기 때문에 행복한 것이 아니라 겸손하지 못한 자신의 실상을 하나님 앞에 솔직히 고백하고 나아갈 때 우리는 조금 더 행복해진다.

이제 더 이상 하나님 앞에서 무언가를 하려고 하기보다는 솔직하게 나의 있는 모습 그대로를 고백하기로 했다. 하나님이 나를 사랑하시는 것은 이유가 없기 때문이다.

이유와 조건 없는 하나님의 사랑!

우리는 지금 나의 모습 그대로 하나님께 나아가기만 하면 된다.

정직

2017년 미국에서 있었던 LPGA 메이저 대회인 KPMG 여자 PGA 챔피언십에서 박인비 선수가 우승을 차지해 세계 랭킹 1위였던 18세의 리디아 고를 2위로 밀어 내고 1위 자리에 올랐다. 당시 전 세계 모든 골프 관련 기사가 박인비 선수의 이야기로 가득 차 있었다. 하지만 정작 내 마음을 사로잡은 것은 54대회 연속 컷 탈락을 당하지 않던 리디아 고의 2라운드 컷 탈락 소식이었다.

리디아 고는 2라운드 13번 홀에서 어드레스 자세에 들어간 직후 공이 스스로 조금 움직였고, 자신을 제외하고는 아무도 모르는 상황이었지만 자진 신고해 벌타 하나를 받았다. 결국에는 1타 차이로 컷 탈락이 되고 말았다. 만약 스스로 정직하지 않았다면 '55대회 연속'이라는 새로운 기록과 함께 계속해서 경기에 나갈 수 있었을 것이다.

이전 시즌 개막전에서도 리디아 고는 똑같은 상황에서 1벌타를 자진 신고했고, 결국 1타 차이로 우승을 놓친 경험이 있었다. '정직'이라는 단어의 의미를 행동으로 보여 준 리디아 고의 모습은 나에게 많은 감동을 주었다.

정직은 어떤 의미에서 선택이다.
그리고 우리의 선택은
곧
우리의 인격이 된다.

세계 랭킹 1위를 지키는 것보다 정직한 2위가 더 소중하다는 리디아 고의 선택은 그녀가 어떤 인격의 소유자인지를 스스로 증명해 주는 확실한 예다.

우리는 때때로 승자에게 쏟아지는 엄청난 환호를 그리워한 나머지 나 자신과 모두를 속이려는 유혹에 빠질 때가 있다. 잘못된 선택은 우리의 인격에 고스란히 녹아 남는다. 자신이 어떤 선택을 하는가는 스스로 결정하지만, 자신이 어떤 인격의 소유자인지는 남들이 평가한다. 그러므로 당신의 인격에 대한 남들의 평가는 곧 당신 자신이 선택한 결과다.

오늘 당신이 선택한 당신의 '인격',
그것은 무엇인가?

정직은 어떤 의미에서 선택이다.

그리고 우리의 선택은 곧

우리의 인격이 된다.

PART 2.

믿음의 가치관

빛

2017년 겨울, 밴쿠버에 사는 6년 동안 한 번도 본 적이 없는 많은 눈이 내렸다. 언제나처럼 새벽기도를 한 후 6시에 문을 여는 동네 작은 카페에 갔다. 하지만 그날따라 눈이 많이 와서인지 6시가 되었는데도 카페에 불이 켜지지 않았고, 새벽을 밝혀야 할 가로등의 불도 모두 꺼져 있었다. 아마 눈이 많이 와서 마을 전체가 잠시 정전이 된 모양이었다.

'그냥 집으로 돌아갈까? 아니면 전기가 들어오기를 기다렸다가 차 한 잔 마시고 갈까?'

잠시 고민하다가 불이 들어오면 차 한 잔을 마시기로 결정한 후 나는 자동차 안에서 기도하기 시작했다.

한 20-30분쯤 지났을까? 기도하고 눈을 떴을 때 나는 잠시 당황했다. 정말이지 아무것도 보이지 않았다! 눈을 감았을 때와 떴을 때가 전혀 구분되지 않았다. 짙은 겨울 새벽에 가로등 불이 모두 정전이 된 상태에서 갑자기 내린 폭설이 차창을 완전히 뒤덮어 아무것도 보이지 않았던 것이다. 그때 문득 내 마음속에 한 가지 생각이 떠올랐다.

'눈이 있어도 빛이 없으면 아무것도 볼 수 없구나!'

나는 그때까지 내 눈으로 내가 빛을 보는 것이라고 생각했다. 하지만 그것은 완전한 착각이었다. 빛이 차단되자 나는 볼 수 있는 눈을 가지고 있으면서도 아무것도 볼 수가 없었다. 엄밀히 말해서, 내가 빛을 보는 것이 아니라 빛이 나를 보게 했다. 내가 했다고 생각했던 일들이, 나로부터 출발했다고 생각했던 일들이 사실은 내가 아니었고, 나로부터가 아니었다.

하나님은 이 사건을 통해서 우리의 모든 삶이 왜 주님으로부터 시작되며, 우리의 주인이 왜 주님이신지, 그리고 우리의 모든 것이 왜 오직 주님이 아니고서는 불가능한지를 깨닫게 해 주셨다.

믿음이란 무엇일까? 어쩌면 내가 빛을 보는 것이 아니라 빛이 나를 보게 한다는 사실을 깨닫는 것이 아닐까?

내 안에서 반응하는 모든 기능이 사실은 나로부터가 아니라 내 밖에서부터 시작되었다는 사실을 발견한 그날, 나는 하나님께 더 가까이 가지 않을 수 없었다.

내가 빛을 보는 것이 아니라

빛이 나를 보게 한다!

하나님은 빛이시라(요일 1:5)

빛 없이는 우리가 아무것도 볼 수 없는 것처럼, 하나님 없이 우리는 아무것도 할 수가 없다.

삶의 본질

어렸을 때 나는 모든 사람이 알아보는 유명한 대한민국 축구 국가대표가 되겠다는 큰 꿈이 있었다. 그 꿈만 이룬다면 나의 삶은 정말 행복할 것이라는 기대로 가득 찬 어린 시절을 보냈다.

국가대표 축구선수가 되어 경기장을 누비는 내 모습을 상상하는 것만으로도 늘 기뻤다. 아무리 힘들고 고통스러운 훈련과 환경도 내게는 꿈을 이루기 위해 반드시 거쳐야 하는 하나의 과정일 뿐이었다. "나는 유년 시절에 아무것도 하지 않고 오직 축구만 했다!"라고 말할 수 있을 만큼 축구에 모든 것을 쏟아부었다.

국가대표가 되는 것이 꿈이었고, 마침내 대한민국 국가대표 축구선수가 되었다. 유럽에서 축구선수 생활을 하는 것이 꿈이었고, 실제로 유럽에서 선수로 뛰었다. 네덜란드(PSV 아인트호벤)와 잉글랜드(토트넘 홋스퍼 FC), 그리고 독일(보루시아 도르트문트) 리그를 대표하는 팀에서 최고의 선수들과 함께 축구를 할 수 있었고, 나름 성공적인 축구선수 생활을 했다. 그렇다면 나는 어떤 의미에서 꿈을 이룬 사람이라고 할 수 있다.

그렇게 꿈을 이룬 사람이라면 정말 기쁘고 행복한 삶을 살아야 하지 않을까? 하지만 내가 기대했던 것과 달리, 국가대표 축구선수가 되는 것 자체는 영원한 기쁨을 주지 못했고 그 사실을 깨닫는 데는 그리 오랜 시간이 걸리지 않았다.

국가대표 축구선수가 되고 유럽에 진출해 최고의 리그

에서 최고의 선수들과 함께 경기를 하면 모든 것이 행복할 것 같았지만 실상은 그렇지 않았다. 오히려 그 속에서 또 다른 치열한 경쟁이 시작되었고, 그 부담감은 이전에 느꼈던 것보다 훨씬 더 컸다. 무언가를 이루어 낼 때마다 잠시 숨 쉴 틈도 없이 언제나 더 큰 도전이 내 앞에 놓여졌다.

처음 축구선수가 되었을 때는 그저 국가대표 유니폼을 입는 것 자체가 좋았고 만족스러웠지만, 국가대표 축구선수가 되고 나자 경기에 출전하지 않고 벤치에만 앉아 있는 국가대표는 무의미하게 느껴졌다. 경기에 나서기만 하면 좋겠다는 바람대로 경기에 출전했다. 하지만 경기에 출전하더라도 잘하지 못하면 오히려 출전하지 않은 것보다 더 못한 비난을 들어야 했다. 또 경기에서 잘하더라도 이기지 못하면, 상대를 이기더라도 계속해서 반복적으로 이기지 못하면 나 자신과 많은 사람을 만족시킬 수가 없었다.

이것은 '축구선수가 되어 행복해지고 싶다'는 어릴 적 기대와는 한참 거리가 멀었다. 세상적으로, 그리고 외형적으로 나에 대한 평가는 점점 더 높아져 갔지만 정작 나 자신은 시간이 지날수록 초조하고 메말라 가는 느낌이었다.

어렸을 땐 그저 축구가 좋았고, 축구를 하는 이유는 즐겁게 놀기 위해서였다. 하지만 프로가 되고 나서 축구를 하는 목적이 즐기는 것에서 이기는 것으로, 내가 할 수 있는 것에서 할 수 없는 것으로 변질되자 나는 더 이상 축구를 즐길 수가 없었다. 축구를 즐겁게 하는 것은 내가 언제든 할 수 있는 일이었지만 경기에서 이기는 것은 내 능력 밖의 일이었다. 축구가 나를 행복하게 하지 못하다니…. 나는 고민에 빠지기 시작했다.

축구는 나의 전부였고, 나는 축구를 통해서 행복감을 맛보며 살아왔다. 하지만 상황과 환경이 바뀌자 축구는 더 이상 나에게 즐거움을 주지 못했다. 상황과 환경, 조건에 따라 계속해서 변하는 기쁨이라면 진정한 기쁨일 수 없었다. 어떤 조건 때문에 기쁜 것이 아니라 그 어떤 환경이나 조건과 상관없이 언제 어디서든 기쁠 수 있는 방법은 무엇일까?

그것은 오직 예수님밖에는 없다.

결국 축구선수가 되면, 그래서 꿈을 이루면 분명 행복해질 것이라는 막연한 나의 생각은 착각이었다. 물론 자신이 간절히 원하던 그 무언가를 갖거나 이루면 성취감과 함께 약간의 기쁨이 있는 것은 사실이다. 문제는 그 성취감과 기쁨이 지극히 일시적이며 결코 길지 않다는 데 있다. 은퇴 이후, 나는 또 한 번 세상에서 꿈을 이룬 것이 결국 영원한 만족감을 주지 못한다는 사실을 분명히 알게 되었다.

그렇다고 해서 이 책을 읽는 꿈 많은 청년들에게 열심히 노력하지 말라거나 꿈을 포기하라고 말하려는 것은 절대 아니다. 오히려 나는 청년들이 원하는 목표와 꿈을 찾고, 그 꿈을 이루기 위해 최선을 다해서 노력하고 달려 가기를 바란다. 하지만 꿈 자체가 목적이 되어서는 안 된다고 말해주고 싶다. 내가 말하고 싶은 요점은 이렇다.

"젊은 시절 꿈을 이루기 위해 최선을 다하라. 하지만 기억할 것이 있다. 가장 중요한 가치를 지켜 나가는 것보다 더 중요한 일은 없다. 진정한 기쁨은 일시적인 성공이 아니라 영원한 것과 연결될 때만 연속적이고 지속적으로 누릴 수 있다."

우리는 삶에서 최고의 목표를 정하거나 그 목표를 향해 전력으로 달려 나가기에 앞서 스스로 '왜 그 목표여야 하는가? 그 목표의 끝은 결국 무엇과 연결되어 있는가?'를 먼저 생각해 봐야 한다.

단순히 좋아하거나 잘하는 일이기 때문에, 혹은 하고 싶거나 돈을 많이 벌 수 있다는 이유는 그럴듯하기는 하지만 충분하지 않다. 왜냐하면 좋았던 일이 싫어지거나 하고 싶었던 일도 갑자기 하기 싫어지고 심지어 남들보다 잘한다고 생각했던 일들조차도 종종 나보다 더 잘하는 사람을 만나는 순간 좌절하게 되는 경험이 한 번쯤은 있기 때문이다.

그렇게 피나는 노력으로 자신의 꿈을 이룬 사람들은 곧장 또 다른 도전 앞에 서게 된다. 그러고는 성공 뒤에 끊임없이 이어지는 더 높은 도전들 앞에서 결국은 지치거나 쓰러지기 마련이다.

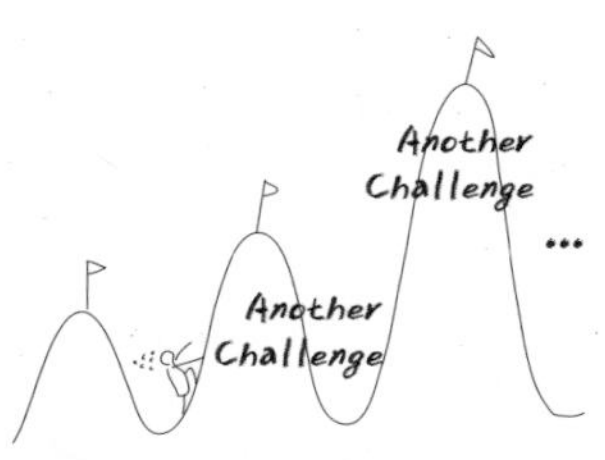

성공이라는 멈출 수 없는 경쟁의 레일 안으로 들어서는 순간부터 행복해질 것이라는 순수한 바람은 사라지고 목적과 결과만 남는 무의미한 도전이 되는 이유는 무엇일까? 남들로부터 성공적인 삶이라는 평가를 받으며 살아가고 있는 사람들조차도 자신들이 일구어 놓은 업적에서 지속적인 만족감과 행복을 느끼지 못한다면 과연 우리는 어디에서 진정한 만족과 행복을 누릴 수 있는가?

뒤돌아보면 내가 하나님을 믿고 있지 않을 때 나는 하나님을 찾을 이유가 전혀 없었다. 2001년 봄, 당시 나는 국가대표였고 이미 축구계에서 충분히 좋은 평가를 받고 있었다. 소위 잘나가는 축구선수였다. 오히려 '내가 왜 지금도 충분히 좋은 상황에서 굳이 하나님을 믿어야 하는가?' 하는 의구심이 들 정도였다. 최선을 다해 노력함으로써 자신의 꿈을 하나씩 이루어 가고, 남들로부터 인정받으며 점점 많은 연봉과 명성을 쌓아 가는 삶이야말로 진정 행복하고 멋진 인생이라고 생각했다.

하지만 인생에서의 성공이 삶의 기준이 되기 시작하면 자신도 모르는 사이에 인생이 점점 더 비참한 상황으로 빠져들고 만다. 남들과의 비교가 시작되고, 나보다 못한 사람을 업신여기고 나보다 잘난 사람 앞에서는 비굴해진다. 남들보다 더 높은 평가를 받기 위해 주위를 두리번거리느라 지금의 나에 대한 감사는 아예 생각도 못하게 된다. 감사는 만족을 불러일으키고, 만족은 우리에게 기쁨이 되며, 기쁨은 곧 행복인데도 말이다.

인생의 행복이 감사를 느끼는 데서 온다면 감사는 어떻게 느낄 수 있는가? 나의 결론은 하나님 없이는, 하나님을 인정하지 않고서는 완전한 감사가 불가능하다는 것이다. 끊임없이 변하는 세상의 기준에 의한 감사가 아니라 이 세상 그 무엇보다 높으신 하나님으로부터 느끼는 변함없는 감사여야만 완전한 감사가 된다.

내가 하나님을 알고 있고 믿고 있다고 감사가 저절로 생기는 것도 아니다. 상황이나 환경과 상관없이 매 순간 감사하며 행복한 삶을 살기 위해서는 먼저 하나님이 주시는 감사함을 느낄 수 있도록 하나님이 우리에게 원하시는 삶의 올바른 질서 안으로 들어가야 한다. 내가 어떠한 삶을 살아야 하는지 가장 잘 아시는 분은 하나님이시다. 그러므로 진정 행복한 삶을 살기 원한다면 주님 앞에서 자기 스스로에게 물어야 한다.

"나는 왜 사는가?" *What do I live for?*

나를 이 땅에 보내시고 지금 이 순간 살아 숨 쉬게 하시는 하나님의 뜻은 무엇인가?

이 원초적이고 본질적인 질문은 결코 "너 왜 사니?"라는 식의 비아냥거림이 아니다. 우리는 도대체 왜 살고 있는가? 특히 청년의 때를 살고 있는 오늘날의 10대, 20대, 혹은 30대의 당신은 지금 무엇을 위해 사는가?

한 번 스스로 마음속에 "나는 왜 살까?" 하고 질문했으면 좋겠다. 매일같이 반복되는 일상, 즉 일어나서 학교에 가거나, 출근을 하거나, 공부하거나, 밥을 먹고, 잠을 자고, 친구를 만나고, 커피 한 잔 하는 삶 속에서 우리는 도대체 왜 살고 있으며, 살아가는 목적이 무엇인가?

누군가에게 이 질문은 너무나 어려울 수 있고, 반대로 누군가에게는 쉽게 답할 수 있는 질문일 것이다. 또 어떤 이들은 마음속에 '난 이래서 산다' 하는 답을 갖고 있을지 모르겠다.

하지만 내 인생의 30대 초반까지 내게는 이 질문에 대한 답이 없었다. 솔직히 말하면, 이 질문을 종종 하기는 했어도 진지하게 마주한 적은 없었다. "질문이 있는 곳에 답이 있다"는 말처럼 내가 왜 사는지에 대한 진지한 질문이 없었기에, 나는 내가 왜 사는지에 대한 답도 갖지 못한 채 살고 있는 나 자신을 발견하게 되었다.

어느 날 아일랜드의 극작가 오스카 와일드의 책을 읽던 나는 많은 생각을 하게 되었다.

> "이 세상을 사는 많은 사람 중에서 소수의 사람들만이 자신의 삶을 살고 대부분의 사람들은 그저 존재한다."
>
> 오스카 와일드

이 글귀는 마치 어질러진 방처럼, 정리가 필요하지만 시간이 지나자 정리가 필요하다는 생각조차 잊고 지냈던 내 마음에 떠다니던 조각들을 새롭게 정리해 주는 듯 했다.

우리가 살고 있다고 생각하는 이 삶은 정말 삶인가, 아니면 그저 존재하고 있는 것인가? 숨 쉬고, 사람들을 만나고, 음식을 먹고, 즐겁게 웃는 것, 그렇게 하루하루를 보내는 것이 진짜 삶을 사는 사람들의 모습일까?

젊은 날에 "나는 왜 사는가?"라는 질문에 답하는 것은 매우 중요하다. 이 질문에 "나는 이래서 산다"라고 답하는 것을 머뭇거린다면, 혹은 답을 찾지 못했다면 그것은 삶에 대해 착각하고 있다는 반증이다. 왜냐하면 성경은 우리에게 왜 살아야 하는지를 분명하게 말해 주기 때문이다.

그런데 내가 왜 사는지에 대한 답을 찾기 전에 먼저 해야 하는 질문이 있다.

만약 내가 "당신은 누구십니까?"라고 질문한다면 당신은 "내 이름은 아무개이고, 어느 동네에서 살고, 부모는 이런 분이시며, 직업은 무엇이고, 혈액형은 이것입니다"라고 대답할지도 모르겠다. 그러나 이 대답은 "당신은 누구십니까?"에 대한 바른 대답이 아니다.

마음속에 질문을 해 보자. "나라는 존재는 도대체 어디에서 왔으며 어디로 가는 것일까?" 많은 사람이 자신이 누구인지 모르고, 어디서 왔는지, 어디로 갈지도 모르며 살아가고 있다. 나이가 어릴수록, 젊을수록 "나는 왜 사는가?", "나는 누구인가?", "나는 어떻게 살아야 하는가?"라는 질문을 한 번쯤 스스로에게 던지고 심각하게 고민해 봐야 한다. 이 질문 없이 우리는 올바른 삶을 살 수 없고, 주님이 우리에게 주시는 행복도 느낄 수 없다.

한국기독교선교100주년기념교회 이재철 목사님은 "모든 인간은 태어나는 순간부터 죽음을 향해 달려간다"고 말했다. "나는 왜 사는가?", "나는 누구인가?"를 질문하고 반드시 답을 찾기 위해 노력해야 하는 이유는 바로 모든 인간은 죽기 때문이다.

사람들은 흔히 오늘 하루를 살았다고 생각하지만 사실 우리는 태어나는 순간부터 죽음을 향해 달려가고 있는 것이다. 엄밀히 말해 우리는 오늘 하루만큼 죽었다고 말할 수 있다. 하루하루를 살아가는 것이 아니라 사실은 하루하루

죽어 가는 것이다.

모든 인간에게 죽음은 절망이다. 그래서 아무리 성공적이고, 풍요롭고, 남들에게 부러움의 대상이 되는 삶을 살지라도 하루하루 쉼 없이 죽음을 향해 달려가고 있는 것이며 그러한 삶의 최후는 비참할 수밖에 없다. 우리가 아무리 많은 것을 취하든, 아무리 높은 곳에 오르든, 아무리 성공적인 삶을 살든 누구나 하루하루 죽어 가고 있다. 죽음이라는 절망으로 계속해서 들어가고 있는 것이다. 죽음 자체가 절망이라면 언젠가 죽을 우리도 결국은 절망이다.

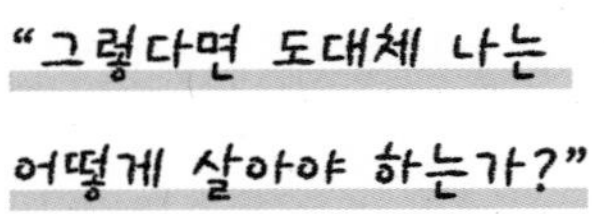

성경이 죽음을 어떻게 바라보고 있는가에 대한 확실한 이해가 있을 때 우리는 비로소 죽음이 절망이 아니라는 사실을 깨닫게 된다. 왜냐하면 성경은 죽음이 끝이 아니라 영

원으로 들어가는 또 다른 시작이라고 말하기 때문이다.

내가 죽을 존재라는 사실을 아는 사람은 절망 속에서 허우적거리는 것이 아니라 죽음 끝에서 영원한 것을 보고, 드디어 기쁨 가운데 살 수 있게 된다. 그래서 죽음을 인식하면서 사는 사람은 자기 일에 최선을 다하게 된다. 더 정직하게 된다. 더 선한 싸움을 싸우려고 노력하게 된다. 이것이 바로 죽음이 우리에게 주는 엄청난 축복이다.

모든 인간에게는 죽기 1년 전이 반드시 존재하고, 죽기 한 달 전, 일주일 전, 하루 전, 한 시간 전, 그리고 죽기 1분 전이 반드시 존재한다. 나에게도, 이 책을 읽고 있는 사람에게도 죽기 1분 전은 반드시 존재한다. 하지만 그때가 언제인지는 알 수 없다.

청년의 때에 우리는 내가 죽을 존재라는 생각을 가지고 살아야 한다. 그 사실을 깨닫고 사는 사람은 비로소 "나는 왜 사는가?", "나는 누구인가?", "어떻게 살아야 하는가?"라는 질문을 하기 시작한다.

이 땅을 살고 있는 대부분의 사람들은 자신이 누구인지 궁금해하지 않는다. 자신이 왜 사는지 스스로 질문하지 않는다. 왜일까? 내가 죽을 존재라는 사실을 망각하고 있기 때문이다. 반드시 죽을 존재임에도 불구하고 죽는다는 사실을 잊고 살 때 내가 왜 사는지, 내가 누구인지, 어떻게 살아야 하는지 그 질문을 던지지 않게 되는 것이다.

얼마 전 캐나다 밴쿠버에서 내가 잘 아는 25세 청년이 하나님의 부르심을 받았다. 그 청년의 가족에게 동의를 구하지 않았기 때문에 자세하게 이야기할 수는 없지만, 그는 회복될 수 없는 중병에 걸렸고, 한쪽 팔을 잘라 내야 했다. 짧은 시간이었지만 그 청년과 교제하면서 나는 정말 많은 것을 느끼고 깨달을 수 있었다.

어느 날 청년의 어머니로부터 그가 나를 보고 싶어 한다는 연락을 받고 급히 병원으로 향했다. 그의 마지막 소원이 믿지 않는 아버지를 전도하는 것임을 알고 있던 나는 한국에서 사 온 성경책을 들고 병원으로 달려갔다. 그에게 성경

책을 전해 주며 "네가 아버지께 드리는 선물이니 네가 하고 싶은 말을 성경책에 쓰는 게 좋겠어"라고 말했다.

청년은 오른팔이 없었기에 내가 대필을 해 주었다. 당시 나는 그에게 삶의 시간이 얼마 남지 않았다는 사실을 알고 있었다. 그가 죽음을 온몸으로 느끼면서 아버지께 전하는 마지막 편지를 대신 쓰면서 나도 모르는 사이에 눈물이 흘렀다.

3일 후 그는 하나님의 부르심을 받았다.

청년이 내게 주고 간 엄청난 메시지가 내 가슴속에 남아 있다.

죽음이라는 것은
우리가 내쉬었던 숨을 다시 들이마시지 못하는 것이다.
죽음은 그렇게 우리의 삶 아주 가까이 있다.

단지 3일 전만 해도 나와 교제하고 하나님에 대해 이야기하면서 그분의 무한한 능력을 자랑했던 친구가 그사이 하나님의 부르심을 받았다는 사실 자체가 내게는 엄청난 메시지였다.

우리는 삶의 주인이 나 자신이 아니라는 사실을 깨달아야 한다. 많은 사람이 내 삶은 내 것이라고 착각한다. 그러나 인생에서 가장 중요한 것들, 즉 성별, 국적, 부모, 키, 생김새, 이름, 혈액형 등은 우리가 결정하지 않았다. 정작 내 인생에서 가장 중요한 것들을 우리가 선택하거나 결정하지 못한 채 이 땅에 태어났다.

사람들은 삶의 주인이 자기라고 말하면서도 결국 삶과 죽음의 문제를 어떻게 하지 못한다. 만약 자신의 생명이 자기 것이라면 자기 마음대로 할 수 있어야 하지만, 누구도 자신이 살고 싶은 만큼 살지 못한다. 생명이 자기 것이 아닌 까닭이다.

내 삶의 주인이 자신이 아니라 하나님이시라는 사실을

아는 사람만이 끊임없이 "나는 왜 사는가?", "나는 누구인가?", "어떻게 살아야 하는가?"를 질문하며 살아갈 수 있다.

사명,
바로 지금 여기에

하나님은 우리 각자에게 사명을 주셨다. 하나님을 믿는 사람이라면 하나님이 자신에게 주신 사명을 찾고, 이해하고, 감당하며 살아가고 싶어 한다.

하나님으로부터 확실한 사명을 부여받았다고 말하는 사람들을 볼 때마다 한편으로는 대단하다는 생각이 들기도 하고, 다른 한편으로는 부럽기도 하다. 우리는 어떻게 사명을 찾을 수 있고, 어떻게 알 수 있으며, 어떻게 받은 사명을 잘 감당하며 살아갈 수 있을까?

우리는 자신도 모르는 사이에 직분에 서열을 정해 놓고 목사, 장로, 안수집사, 권사, 집사, 일반 성도 등 직분으로 믿음의 성숙도를 측정한다. 그래서 믿음은 당연히 목사님이 제일 좋아야 하고 일반 성도인 나는 조금 실수해도 괜찮다고 생각한다. 하지만 성경은 우리의 직분이 역할을 구분하는 용도일 뿐, 직분에 따라 믿음의 분량이 달라도 된다고 말하지 않는다. 직분이란 역할과 호칭의 문제이지, 우리는 모두 선교사적 사명을 가진 자로 부름받았다고 성경은 말한다.

직분에 대한 잘못된 가치관을 갖고 있는 상태에서는 하나님이 우리에게 주신 사명의 의미를 제대로 이해하기 어렵다. 하나님은 목사와 선교사에게 요구하시는 똑같은 믿음의 분량과 결단을 우리에게도 요구하고 계신다. 이것이 직분으로 다른 사람의 믿음을 평가하거나 판단하지 말아야 하는 이유인 동시에, 나 자신 또한 성경이 말하는 선교사적 사명에서 자유로울 수 없는 까닭이기도 하다.

그렇다면 선교사적 사명이란 무엇일까? 하나님을 믿는 모든 사람이 목사나 선교사로 살아갈 수 있는 것이 아닌데, 도대체 무엇을 선교사적 사명이라고 부르는 것일까?

나는 어릴 적 꿈꾸던 대로 축구선수가 되었고, 국가대표가 되었으며, 유럽에서 최고의 선수들과 함께 성공적인 선수 생활을 했다. 그리고 은퇴를 앞둔 모든 선수가 바라는 것처럼 모두에게 박수를 받으며 떠나는 은퇴식을 한 번도 아니고 세 번이나 했다.

하지만 해방감과 함께 인생을 즐기며 살 것 같았던 은퇴 이후의 삶은 생각처럼 행복하지 않았다. 오히려 외롭고 힘든 시간의 연속이었다. 선수시절에는 매일 스케줄이 있었기 때문에 그것을 당연하게 생각했고, 잠시라도 스케줄에서 벗어나면 해방감을 느끼곤 했다. 그런데 은퇴하고 난 후에는 아침에 일어나서 오전 운동을 하러 가지 않아도 되는 상황이 벌어졌다.

축구만을 바라보고 달리며 언제나 긴장과 경쟁심으로 다른 것들을 돌아볼 여유가 없었던 나의 삶이 한순간 정지된 느낌마저 들었다. 그것은 정말이지 낯설고 낯선 것이었다. 운동을 하지 않아도 되는 상황은 내 인생에서 마주한 가장 낯선 상황이었다.

37세에 은퇴를 했으니, 내게는 얼마든지 제2의 도전을 할 수 있는 충분한 시간이 있었다. 나는 어떻게 하면 발전하고, 얼마만큼 노력하고 견뎌 내면 내가 원하는 목표에 도달할 수 있는지도 알고 있었다. 쉽게 말해, 축구가 아닌 다른 분야에서도 어떻게 하면 성공할 수 있는지 방법을 알고 있었다. 축구에서 그랬던 것처럼 지금부터 10년간 노력하면 10년 후 나는 다른 분야에서 성공적인 삶을 살고 있을 것이다.

그러나 문제는 성공이 아니라 성공 후 또다시 밀려올 허탈감과 상실감이었다. 축구가 영원한 기쁨이 될 것이라는 생각에 한 번 속아 본 나는 또다시 세상의 성공에 속고 싶지 않았다.

그리고 은퇴 후 공허한 마음과 함께 하고 싶은 것이 없어지는, 마치 인생의 방향을 상실한 것 같은 느낌을 받았다. 축구와 세상이 나에게 영원한 만족감을 주지 못한다는 사실을 알고 있었으면서도 나는 나도 모르는 사이에 세상 깊은 곳까지 들어가 있었던 것이다.

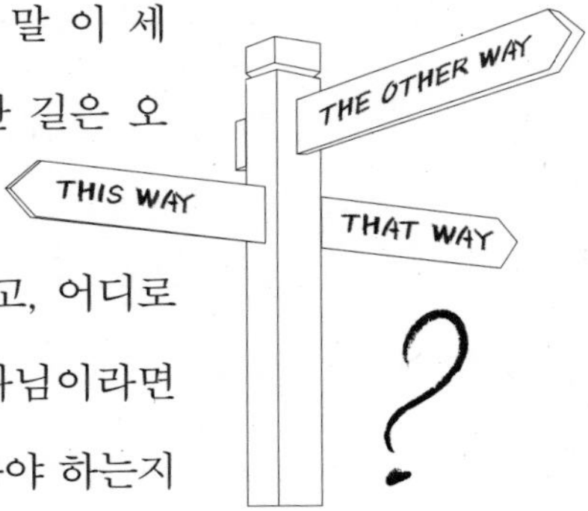

결국 방향감을 잃어버리고 말 이 세상에서 벗어날 수 있는 유일한 길은 오직 하나님밖에 없음을 깨닫게 되었다. 내가 어디에서 왔고, 어디로 갈지를 결정하시는 분이 하나님이라면 내가 어떻게, 무엇을 위해 살아야 하는지를 아시는 분도 오직 하나님밖에 없다는 생각이 들었다.

나는 잃어버린 내 삶의 방향을 주님에게서 찾기로 했다. 내가 이 땅에서 살아야 하는 목적과 방향이 있다면, 그것은 바로 주님이 나에게 주신 사명이었다.

이후 나는 사명에 대해서 고민하기 시작했다. 많은 사람이 생각하는 것처럼 나 또한 사명이란 하나님이 나를 위해 예비해 놓으신 특별한 장소에서 나만 할 수 있는 특별한 역할이나 직책이라고 생각했고, 그것은 너무나 특별해서 다른 사람들도 모두 단번에 알아보는 일일 것이라고 생각했다. 적지 않은 시간 동안 하나님이 내게만 허락하신 특별한 사명을 발견하기 위해 나는 많은 노력을 기울였다. 하지만 나의 삶에서 하나님의 사명을 찾기란 결코 쉬운 일이 아니었다.

하나님이 나에게만 주신 특별한 사명을 찾지 못하고 있던 어느 날, 하나님은 내 마음에 놀라운 깨달음을 주셨다.

알고 보니 하나님이 나에게 맡기신 사명은 특별한 장소에서 나만 할 수 있는 특별한 역할이나 직책이 아니었다. 나의 사명은 바로 지금 내가 서 있는 여기에 있었다. 하나님은 나에게 사명을 이루는 장소, 나의 역할과 직책이 있는 곳은, 내가 발을 딛고 있는 바로 이곳이라고 말씀해 주셨다. 하나님의 메시지는 분명했다.

"너의 사명은 누군가의 아들로서, 세 딸들의 아빠로서, 한 아내의 남편으로서, 누군가의 친구와 이웃으로서, 축구선수 이영표로서, 그리스도인 이영표로서 오늘 허락된 이 하루의 삶을 최선을 다해 사는 것이다."

학생이면 학생답게 최선을 다해서 공부하는 것이 사명이다. 직장인이면 직장에서 그리스도인으로서 똑바로, 정직하게, 하나님의 말씀에 합당한 모습으로 최선을 다하는 것이 사명이다. 우리가 오늘 하나님이 주신 24시간이라는 삶의 자리에서 만나는 작은 일들이 모두 사명이라는 사실을 나는 그제야 깨닫게 되었다.

사명이란 특별한 일이나 대규모의 프로젝트가 아니었다. 하나님이 나에게 원하시는 사명이란 바로 나의 삶이었다. 반복적이고 지극히 평범한 나의 삶! 이 삶 속에서 하나님은 나에게 선교사적 사명을 요구하고 계셨다.

그때 비로소 나는 2002년 월드컵에서 4강에 진출하고, 유럽에서 성공적인 선수 생활을 하고, 국가대표로서 많은 경기를 뛰고 환호를 받는 것과 그 어떤 위대한 업적을 남기는 것이 세 아이들의 아버지로서 집에서 설거지를 하고, 아이의 기저귀를 갈고, 청소를 하고, 이불을 개고, 아이들을 학교에 데려다 주고 데리고 오는 일상보다 더 귀하거나 중요한 일이 결코 아니라는 사실을 깨닫게 되었다.

사명은 내가 생각했던 것처럼 거창하거나 위대해 보이는 일이 아니었고, 특히 어려워서 특별한 능력이 있거나 선택받은 소수 사람들만의 전유물도 아니었다.

이제 우리 모두는 왜 선교사적 사명을 갖고 이 땅을 살아가야 하는지 그 이유가 더 분명해졌다.

하나님은 우리 모두에게

삶이라는 사명을 허락하셨고,

그 사명은

바로

지금

여기에 있다.

나의 주인은?

2013년 은퇴한 후 나는 아주 심각한 영적 곤고함에 빠졌다. 하나님이 나의 주인이시며 나의 왕이시라는 사실을 알고 있었다. 죄인인 나를 위해 예수님이 이 땅에 오신 것도, 그리고 나를 위해 죽으시고 부활하셨으며, 또한 승천하신 모습 그대로 이 땅에 재림하신다는 사실도 믿고 있었다.

그러나 실제 나의 삶과 성경말씀 사이에 계속해서 틈이

벌어져 있는 것을 발견하자 나의 믿음이 진짜 올바른 믿음인지, 나의 믿음에 의구심이 들기 시작했다. 머리에서는 모든 것이 이해가 됐지만 마음에서는 무엇인가 느껴지지가 않았다.

머리로 알고 있는 하나님이 가슴에서 느껴지지 않는 것이 이렇게 힘든 일인지 그전에는 알지 못했다. 예수님은 하나님을 믿으며 "항상 기뻐하라" 하셨는데 삶이 기쁘지 않았고, "항상 감사하라" 하셨는데 감사한 마음이 들지 않았다.

이처럼 말씀과 나의 믿음 사이의 괴리감이 점점 더 크게 느껴지면서 '나의 믿음은 과연 올바른 믿음인가?'라는 생각은 더욱 깊어져만 갔다. 하나님을 올바로 믿고 싶었다. 아니, 솔직히 말하면 하나님을 느끼고 싶었다. 나는 하나님을 알고 있고 믿고는 있으나 느껴지지 않는 이런 신앙생활은 도저히 할 수 없다 판단하고, 하나님을 만나기 위해 작정하고 하나님을 찾기 시작했다.

2015년 여름, 약 3개월 동안 아침에 새벽기도회에 갔다가 아침 먹고 들어가서 기도하고 말씀 읽고, 점심 먹고 들어가서 말씀 읽고 기도하고 필사하고, 저녁 먹고 말씀 읽고 기도하고 설교 말씀을 들으면서 잠자리에 드는 생활을 계속했다. 시간이 지나면서 먹고 싶은 것도, 가고 싶은 곳도, 보고 싶은 것도 없어졌고, 몸무게가 5kg이나 빠졌다. 아무리 주님을 불러도 대답하지 않으시기에 순간적으로 '정말 하나님은 살아 계신 것일까?' 하는 말도 안 되는 생각까지 들었다.

그렇게 힘든 시간을 보내며 누구와 싸우는지도 모르는 싸움을 계속하던 어느 날이었다. 그날도 말씀을 읽고 필사를 하는 중이었다. 갑자기 하나님이 내 마음속에 물으셨다.

"너의 주인이 누구냐?"

나는 순간 당황했다. "너의 주인이 누구냐?"라는 하나님의 음성을 듣자마자, 나는 지금껏 내가 하나님을 "주님"이라고 부르면서도 실제로는 나 자신이 하나님의 종이라고 마음속 깊숙이 인정한 적이 단 한 번도 없었다는 사실을 발견했다. 나는 10년이 넘는 시간 동안 하나님을 "주님"이라고 불렀지만 지금까지 내가 불렀던 "주님"은 그저 호칭에 지나지 않았다. 오히려 실제 나의 신앙생활을 돌이켜 보면 내가 하나님의 종이 아니라 하나님이 나의 종이셨다.

종은 주인의 음성을 들어야 한다. 그리고 종은 주인의 명령에 순종하며, 오직 주인을 위해 존재해야만 한다. 하지만 나는 나 스스로 종인지도 모르는 종이었다. 만약 하나님이 밤 12시에 "나의 종아, 남산에 가서 뭘 좀 가져와라" 하시면 나는 가야 한다. 하지만 나는 하나님의 음성에 늘 "하나님, 지금 밤 12시예요. 밖은 위험해요. 내일 아침에 갈게요" 하고 응답하고 있었다.

말로는 하나님을 "주님"이라고 부르면서도 전혀 종답지 않은 신앙생활을 하고 있던 나는 하나님의 질문에 대답하지 못했다. 대답하지 못한 첫 번째 이유는 전혀 종답게 살지 못하는 나 자신을 보며 대답할 면목이 없었기 때문이고, 두 번째 이유는 순간적으로 마음 깊은 곳에서, 만약 여기서 나의 주인이 하나님이시라고 인정하면 이제 두루뭉술하게 하나님과 나 자신을 섬기고 있던 상황을 완전히 정리해야 할 것 같은 불안감 때문이었다.

하나님은 그냥 넘어가지 않으시고 잠시 후 두 번째 질문을 하셨다.

"너의 주인이 누구냐?"

하나님의 첫 번째 질문이 나를 당황하게 했다면, 두 번째 질문의 요지는 매우 분명했다. 나는 하나님이 어떤 대답을 원하시는지 알고 있었고, 내가 어떤 대답을 해야 하는지도 알았다. 하지만 내 마음속에서 대답이 쉽게 나오지 않았다. 잠깐이었지만 마음 깊은 곳에서 내려놓지 못하고 붙잡고 있는 무언가를 느낄 수 있었다.

그 무언가는 하나님이 계셔야 하는 바로 그 자리를 차지하고 있었다. 그것은 바로 내 '자아'였다. 내 마음 가장 깊은 곳, 하나님이 계셔야 할 바로 그곳에 몰래 숨어 있는, 아니 몰래 숨겨 둔 나의 자아 말이다. 하나님은 나의 자아를 찾아내셨고, 물으셨다. 하지만 나는 여전히 대답을 하지 못했다.

하나님은 다시 물으셨다.

"너의 주인이 누구냐?"

세 번째 같은 질문을 받는 순간, 나는 본능적으로 '이것이 하나님이 나에게 물어보시는 마지막 기회다. 만약 내가 이 질문에 대답하지 못한다면 다시는 기회가 없을 수도 있다'는 생각이 들었다. 나는 마침내 나도 모르는 사이에 섬기고 있던 나 자신을 치워 내지 않을 수가 없었다. 그리고 하나님 앞에 고백했다.

"하나님, 지금부터 나의 주인은 하나님이십니다."

그 고백을 하자마자 마음속에 아주 큰 평안이 찾아오기 시작했다. 그리고 한동안 입맛이 없어서 먹지 못했던 음식들도 먹을 수 있게 되었다. 평안이 찾아오기 전에는 왠지 모르게 불안했다. 그제야 나는 알 수 없는 불안의 까닭이 주님이 계셔야 할 자리에 나 자신이 있었기 때문이었음을 알게 되었다.

하나님은 하나님을 섬긴다고 하면서도 나 자신이라는 우상을 섬기고 있는 나의 왜곡된 믿음을 새롭게 해 주셨다. 뿐만 아니라 다시 한 번 하나님은 언제나 우리를 살피시고, 우리를 사랑하시며, 우리에게 진정으로 필요한 것이 무엇인지 아시고 끊임없이 채우시는 분이라는 사실을 깨닫게 하셨다. 그동안 나는 나에게 있는 많은 것을 하나님께 드리고 있었다고 생각했다. 하지만 그것은 완전한 착각이었을 뿐 정작 나는 아무것도 주님께 드린 것이 없었다.

하나님은 내 마음 가장 깊은 곳에 주님만을 모셔 두는 일이 바로 나 자신을 진정으로 위하는 길이라는 사실도 알게 해 주셨다. 이제 나에게 “나의 주인은 하나님이십니다” 라는 고백은 부담스럽거나 망설일 이유가 없는 고백이다.

“하나님, 나의 주인은 하나님이십니다.
그리고 주님의 모든 물음에 나의 대답은 언제나
'예'입니다.”

하나님,

나의 주인은

하나님이십니다.

그리고 주님의 모든 물음에

나의 대답은

언제나 "예"입니다.

인간답게 살아가기

어느 날 캐나다 밴쿠버의 한 교회 청년부 모임을 이끌던 중 자연스럽게 죄에 대한 이야기가 나왔다. 곧 "동성애가 죄인가?"라는 주제로 이야기는 번져 갔다. 그날 모인 20명의 청년들 중에서 10명 정도는 동성애가 죄가 아니라 답했고, 성경은 동성애를 죄로 규정한다는 말을 듣고 나서 마음을 바꾼 청년들까지 포함한 10명 정도가 동성애가 죄라고 답했다.

그날 모임의 전체적인 분위기는 동성애가 죄라고 말한 청년들보다 동성애가 죄가 아니라고 말한 청년들의 의견이 더 설득력이 있었다. 실제로 동성애를 하는 친구를 둔 몇몇 청년들의 의견은 매우 구체적이었다. 그들이 얼마나 착하고 선한 사람들인지, 얼마나 남을 배려하는지를 설명했다. 오히려 동성애가 죄라고 생각한 청년들이 그 이유에 대해 "성경에 써 있다"는 말 외에 달리 반박하지 못하는 상황이었다.

동성애를 바라보는 우리의 올바른 시선은 무엇일까?

태초에 하나님은 '카오스', 즉 혼돈을 '코스모스', 곧 질서가 있는 곳으로 바꾸셨다. 하지만 오늘날 우리는 욕망과 죄의 유혹을 이기지 못한 인간의 잘못된 선택으로 인해 다시금 혼돈의 시대를 살고 있다. 선과 악, 빛과 어두움, 진실과 거짓, 옳음과 그름의 경계선이 희미해진 지 오래다. 우리는 시대의 가치와 요구에 따라 변화하는 잘못된 윤리관과 도덕관 때문에 인간의 기본적인 욕구 충족을 넘어선 것까지도 '인권'이라고 착각하는 지경에 이르렀다.

인권의 참된 의미는 인간답게 살 권리, 즉 인간으로서 존엄한 가치와 행복을 추구할 권리를 뜻하는 것이지, 존엄성과 행복 추구를 넘어 인간 마음대로 살 권리까지 말하는 것이 아니다. 인권을 '인간답게'가 아니라 '인간 중심'으로 잘못 이해한 사람들은 인간의 권리가 욕망의 충족까지 포함한다고 착각하고 있다. 진정한 인권은 인간이 인간의 의무를 바르게 이해하고 지켜 나갈 때 비로소 자연스럽게 지켜진다.

진정한 의미에서 '인간답다'라는 말은 인간으로서 해야 할 일을 하고, 해서는 안 되는 일을 하지 않을 때 쓰는 표현이다. 우리가 반드시 잊지 말아야 할 것은, 모든 인간의 권리는 똑같은 질량의 의무를 요구한다는 사실이다. 모든 인간은 인간이 누릴 권리의 양만큼 인간으로서 지켜야 하는, 혹은 하지 말아야 하는 의무를 부여받았음을 기억해야 한다.

옳고 그름에 대한 생각이 시대의 요구에 따라 변한다 할지라도 진리마저 변하는 것은 아니다. 민주주의를 익숙하게 받아들이는 사람들이 자신의 의견을 확실하게 표현하고 생각을 두려움 없이 이야기하는 것은 바람직한 일이다. 하지만 우리는 그와 동시에 옳고 그름마저 다수결로 결정할 수 있다는 생각이 얼마나 위험한지를 인식하고 있어야 한다.

과거에 10명이 사는 마을에서 1명이 명백한 죄를 지었을 때 그것은 분명한 죄였다. 나머지 9명의 사람들이 1명의 죄를 간과하지 않았기 때문이다. 그러나 이제 시간이 흘러서 10명이 사는 마을에서 9명이 죄를 짓게 되자 죄를 짓지 않은 1명의 의견이 나머지 9명에 의해 묵살되고 죄가 더 이상 죄가 되지 않는 세상이 되었다. 무엇이 선이고, 무엇이 악인지 구분하지 못하는 세대에 선과 악은 결코 다수결에 의해 결정될 수 있는 것이 아니다.

이는 실제로 오늘 이 시간 선진국에서 일어나고 있는 이야기다. 선과 악의 기준이 성경이 아니라 인간인 곳에는 신이 존재하지 않는다. 이러한 일은 인간, 곧 자신이 신이라고 생각하며 사는 사람들에게는 너무나 자연스러운 일이다.

행복할 수만 있다면 그것이 무엇이든 괜찮다고 말하는 사람들은 동성애자들에게 "그들은 틀린 것이 아니라 다른 것뿐"이라고 말한다. '틀리다'는 "마음이나 행동 따위가 올바르지 못하다"이고, '다르다'는 "비교되는 두 대상이 서로 같지 않다"는 뜻이다. '틀리다'가 잘못이나 옳지 못한 행동을 말하는 단어라면, '다르다'는 그저 단순 구분을 뜻하는 단어다.

≠

언제부터인가 많은 사람이 자신과 다른 생각을 갖고 있는 사람들을 향해 '다르다'가 아니라 '틀리다'라는 잘못된 표현을 쓰기 시작했다. 그리고 어느 순간부터 "틀린 게 아니라 다른 거야"라는 말이 유행처럼 번졌다.

지난날 자기중심적이고 이기적인 인간성이 '다른' 것을 '틀린' 것으로 착각했다면, 오늘날 인간 중심적이고 선과 악을 구별하지 못하는 사람들은 '틀린' 것을 단지 '다른' 것뿐이라고 왜곡하고 있다.

동성애를 "틀린 것이 아니라 단지 다를 뿐"이라고 말하는 사람들이야말로 "틀린 것을 단지 다를 뿐"이라고 말하는 위험한 사람들이다. 다른 것을 틀리다고 말하고, 틀린 것을 다를 뿐이라고 말하는 혼란스런 세상에서 다른 것을 다르다고 말하고, 틀린 것을 틀리다고 말하는 것은 이제 위대한 일이 되어 버렸다.

이렇듯 지독하게 뿌리박혀 있는 인본주의는 그럴듯한 선으로 포장되어 선과 악, 그리고 옳고 그름의 판단 기준을 흐려 놓았다. 인간은 자신이 선한 일이라고 생각하는 것을 선이라고 규정한다. 그러나 이러한 인간의 선은 과연 진짜 선인가?

만약 우리가 운전을 하는데 고속도로가 차로 꽉 막혀 있다고 가정해 보자. 오른쪽 도로로 빠져나가려고 하는데 그 길도 10km 정도가 정체다. 약 40분간 줄을 섰다가 이제 막

고속도로를 빠져나가려고 하는 찰나, 갑자기 차 한 대가 내 앞에 끼어들려고 한다. 이때 인간에게 선은 무엇일까? "양보하는 것이 선이다"라고 말해야 하는 것인가?

우리가 양보한다고 하자. 가만 생각해 보면 우리는 양보라는 선을 행함과 동시에 우리 뒤에 서 있는 수많은 차량의 운전자들에게 악을 행할 수 있다. 만약 우리가 더 많은 선을 행하려고 차 100대가 끼어들도록 양보한다면 뒤에 있는 운전자들에게는 그만큼 더 악으로 보일 수 있다.

가끔 유럽이나 캐나다 밴쿠버의 도로에서 운전을 하다 보면 길가에서 구걸을 하는 사람들을 만나게 된다. 내가 선이라고 생각해 건네준 돈으로 누군가 마약을 사서 더 심한 마약중독자가 된다면 과연 내가 행한 선은 정말 선이라고 말할 수 있는가? 이렇듯 인간의 선은 곳곳에 약점을 지니고 있다.

성경이 말하는 진정한 선은 바로 하나님 자신이시다. 하나님이 곧 선이시고, 하나님을 벗어나는 것이 악이다. 우리는 우리에게 선과 악, 옳고 그름의 기준은 오직 하나님뿐이심을 인정해야 한다. 우리의 선과 악의 기준, 옳고 그름의 기준이 내가 아니라 오직 창조자 하나님이 되실 때만 인간은 비로소 행복하고 더욱 안전할 수 있다.

그렇기에 우리는
이 혼란스런 카오스의 세상에서
다른 것과 틀린 것을 구별할 수 있는
올바른 기준이 내 마음속에 있는지
날마다 확인하며 살아야 한다.

우리가 동성애를 떠올릴 때 반드시 동시에 생각해야 할 것이 있다. 성경은 로마서 1장에서 동성애를 언급하면서 동시에 인간의 불의, 탐욕, 시기, 분쟁, 사기, 교만, 무자비함 등을 말한다. 오늘날 많은 그리스도인이 동성애가 죄라고 외치면서도, 동성애와 똑같은 죄라고 성경이 말하는 불의,

탐욕, 시기, 분쟁, 사기, 교만, 무자비함에 대해서는 침묵하는 이중적인 태도를 취하고 있다.

우리는 마음에 예수님의 사랑을 가지고 동성애를 행하는 사람들을 사랑하되, 동성애라는 행위 자체는 죄이며 잘못된 것이라고 분명하게 말해야 한다. 그러면서 동시에 우리 속에 숨어 있는 또 다른 죄에 대해서도 단호하게 죄라고 말할 수 있어야 한다. 내 안에 있는 온갖 죄보다 동성애가 더 큰 죄라고 생각하거나, 내 안에 있는 죄는 은근슬쩍 넘어가면서 동성애만 죄라고 외친다면 그것은 올바른 그리스도인의 모습이 아니다.

어쩌면 믿는 사람들에게 가장 큰 위협은 동성애가 아니라 바로 내 안에 있는, 날마다 자신이 마주하는 일상의 죄일 것이다. 우리가 잊지 말아야 할 것은 동성애가 죄라고 규탄하기에 앞서 나 자신의 죄에 대해 규탄해야 한다는 사실이다. 나 자신의 죄를 먼저 보는 사람만이 동성애의 죄성을 올바로 이해할 수 있다.

나는 내 속에서 매일매일 충동적으로 일어나는 죄의 본성이 다른 사람의 동성애보다 더 무겁고 심각한 죄처럼 느껴진다.

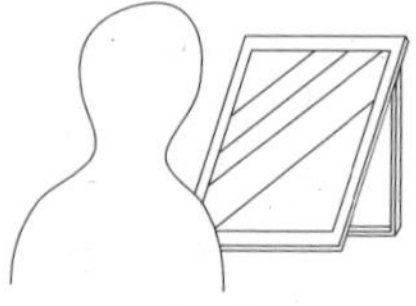

자유와 구속

어느 날 청년들과 이야기를 나누던 도중 한 청년이 "하나님은 하지 말라고 하시는 것이 너무 많고 우리의 자유를 구속하시는 분 같아요"라고 이야기했다. 나도 처음 하나님을 믿을 때 '하나님을 믿으면 우리의 자유는 끝이다'라는 생각을 했던 터라 그 친구가 왜 그 말을 했는지 마음속으로는 이해가 갔다.

정말 하나님은 우리의 자유를 빼앗는 분이시고, 우리가

하나님을 믿으면 자유는 다 사라지는가? 하지만 성경은 우리에게 이렇게 말하고 있다.

진리를 알지니 진리가 너희를 자유롭게 하리라 **요 8:32**

사람들은 '남에게 구속을 받거나 무엇에 얽매이지 않고 자기 마음대로 행동하는 것'이 자유라고 생각한다. 그러나 이러한 자유에 대한 정의는 곳곳에 약점을 지니고 있다. 말 그대로 무엇에 얽매이지 않고 자기 마음대로 행동하는 것이 자유라면, 우리는 담배를 마음대로 피울 수도, 술을 마음대로 마실 수도 있다. 심지어 세상 사람들이 말하는 자유의 정의 안에서는 마약도 마음대로 할 수 있다. 그러면 담배와 술과 마약을 하고 싶다고 해서 마음대로 하는 것, 이것이 정말 자유인가?

만약 자유가 무엇에 얽매이지 않고 자기 마음대로 행동하는 것이라면 누군가 담배를 피우기 싫을 때나 술을 마시기 싫을 때, 혹은 마약을 하기 싫을 때 하지 않을 수 있어야 한다. 하지만 우리가 잘 아는 것과 같이 담배와 술, 마약에 중독된 사람들은 자신의 힘으로는 중독에서 거의 빠져나오지 못한다.

우리가 자유라고 생각했던 것이 결국 우리의 자유를 빼앗고, 오히려 우리를 속여 그 속에 가두어 버린다면 어떻게 그것이 자유일 수 있을까?

세상은 '남에게 구속을 받거나 무엇에 얽매이지 않고 자기 마음대로 행동하는 것'을 자유라고 말하는 반면, 성경은 '할 수 있지만 다른 사람들을 위해 혹은 나 자신을 위해 하지 않는 것'을 자유라고 정의한다. 세상이 '마음대로 하는 것'을 자유라고 말할 때 그리스도인들은 '할 수 있지만 하지 않는 것'이 자유라고 말할 수 있어야 한다.

하나님은 일정한 규칙과 질서를 정하시고 그 안에서 마음껏 자유하라고 말씀하셨다. 하지만 인간은 하나님이 정해 놓으신 규칙과 질서가 자신을 억압하며 자유를 제한한다며 반발한다. 그리고 마침내 하나님이 정해 놓으신 선을 넘고 만다.

그러나 그 선을 넘어선 인간에게 돌아오는 것은 자유가 아니라 철저한 죄의 속박일 뿐, 하나님을 떠난 그 어디에서도 자유를 얻을 수는 없다. 우리는 결국 하나님이 주신 규칙과 질서라는 선이 자유를 억압하는 철책이 아니라 진정한 자유를 지켜 주는 울타리라는 사실을 깨닫게 될 뿐이다.

세상 사람들은 마음대로 행함으로써 잠시 자유로운 기분을 느낄지 모르지만, 멈출 수 없는 자유는 방종 그 이상도, 이하도 아니다. 오직 하지 않을 수 있는 자유를 지닌 사람들만이 잠잠히 다가오는 기쁨과 그 기쁨 속에 숨어 있는 자유로움을 느끼게 될 것이다.

그렇다.

자유는 마음대로 하는 것이 아니라

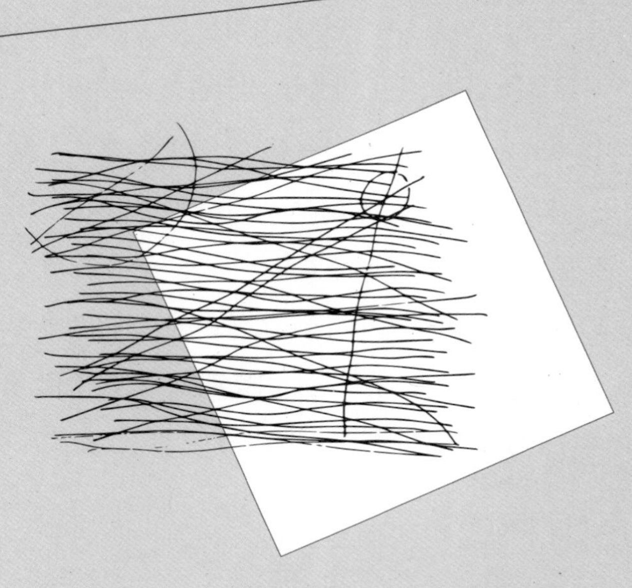

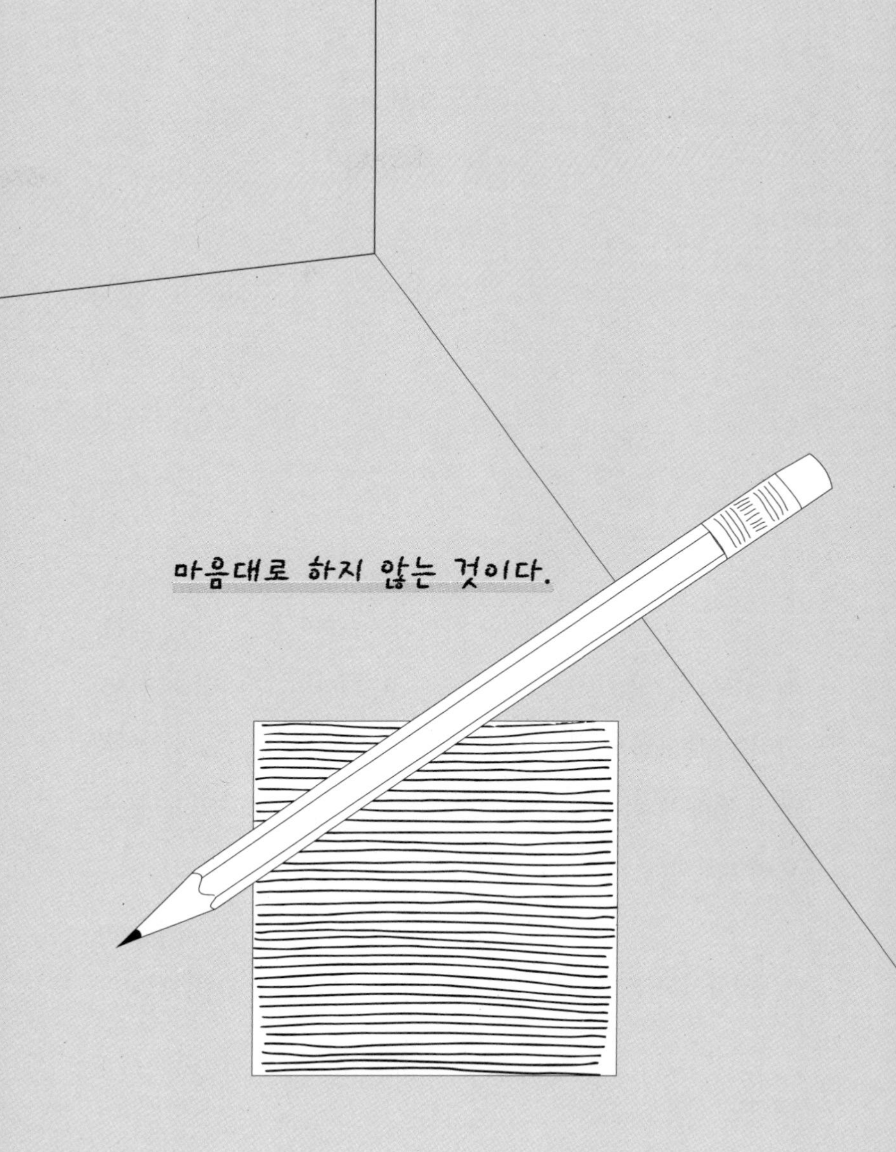
마음대로 하지 않는 것이다.

고린도후서

7장 10절

은퇴 후 머리와 가슴의 온도 차이 때문에 힘든 시간을 보낼 때였다. 평소 가까이 지내던 서산에 사시는 목사님과 사모님이 우리 집을 방문하셨다. 두 분은 우리 집에서 하룻밤 주무셨는데, 그때 나는 내 고민을 일부 털어놓았다.

"말씀이 저를 지켜 준다고 하는데 그 말씀을 좀 외워야겠습니다. 말씀을 통해서 힘든 시간을 극복해야겠어요."

그러자 사모님이 스마트폰에서 말씀 애플리케이션을 다운받으면 매일 아침 말씀을 한 절씩 받아 볼 수 있는데, 그 말씀을 외워 보라고 권하셨다. 나는 곧바로 말씀 애플리케이션을 다운받았고, 다음 날이 되었다.

아침에 말씀을 읽고 기도를 하면서도 '아무리 불러도 대답하지 않으시는 하나님은 정말 살아 계신가, 살아 계시지 않는가?' 하는 알 수 없는 물음이 내 속에서 일어나고 있었다. 아무리 기도하고 하나님을 불러도 내 기도가 땅에 떨어지는 느낌이 들었고 애타게 부르짖어도 주님은 침묵하시는 듯했다.

그때였다. 갑자기 말씀 애플리케이션에서 메시지가 도착했다. 나는 메시지를 받자마자 성경을 열어 말씀을 찾아보고는 깜짝 놀랐다.

하나님의 뜻대로 하는 근심은 후회할 것이 없는 구원에 이르게 하는 회개를 이루는 것이요 세상 근심은 사망을 이루는 것이니라.

정확히 나에게 주시는 말씀이었다. 하나님의 뜻대로 하는 모든 근심은 나로 하여금 회개하게 하고, 생명과 구원에 이르게 한다는 말씀이 너무나 큰 위로를 주고 있었다. 내가 겪는 마음의 어려움, 힘든 것과 고통이 무엇인지 아시고 하나님은 나에게 꼭 필요한 말씀을 주신 것이다.

그리고 10분이 흘렀다. 누구나 경험해 보았듯이 하나님의 말씀을 받고 나서 10분이 지나면 마음이 원래대로 돌아오지 않는가? 나에게는 다시 의심이 찾아왔고, 나는 또 하나님께 기도했다.

"하나님, 과연 이 말씀이 하나님이 제게 보내신 메시지가 맞습니까?"

'단지 내가 하나님의 말씀을 사모한 나머지 우연처럼 보게 된 메시지를 주님의 응답으로 착각한 것은 아닌가?' 하는 생각이 들었다. 게다가 이 메시지는 말씀 애플리케이션을 다운받은 사람이라면 누구나 동일하게 받은 말씀이 아닌가. '많은 사람에게 보내진 단체 메시지라면 이것이 어떻게 나만을 위한 하나님의 메시지일 수 있단 말인가?' 하는 의심이 들었다. 만약 하나님이 내게 주신 말씀이라면 나만이 메시지를 받아야 하는 것이 아닌가.

나는 다시 성경에서 고린도후서를 펴 들었다. 그리고 깜짝 놀랐다. 단체 메시지로 온 말씀은 고린도후서 6장 10절이었는데 나는 실수로 고린도후서 7장 10절을 찾아본 것이다. 그날 내게 정말 필요했던 말씀은 고린도후서 7장 10절이었다. 하나님은 내가 믿음이 연약해 의심할 것을 아시고, 실수를 통해서까지 나로 하여금 정확한 말씀을 보게 하신 것이다.

'하나님이 내가 실수해서 잘못 볼 것까지 아셨구나. 아, 정말 하나님은 살아 계시는구나!'

나의 믿음은 잠시만 주님이 느껴지지 않아도 주님을 의심하는 연약함 그 자체였다. 그러나 주님의 사랑과 보살피심은 나의 의심을 충분히 이길 만한 능력이 있었다.

내게 무척 힘들었던 시간에 하나님이 나에게 보내신 고린도후서 7장 10절 말씀은 목마른 내게 주신 한 모금의 생수와도 같았다.

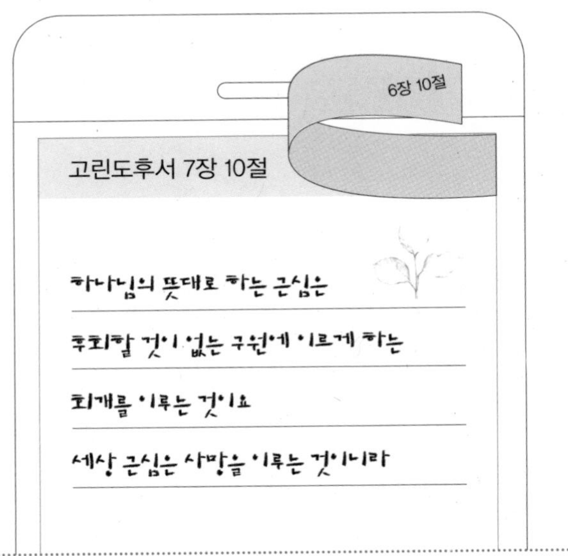
6장 10절
고린도후서 7장 10절
하나님의 뜻대로 하는 근심은
후회할 것이 없는 구원에 이르게 하는
회개를 이루는 것이요
세상 근심은 사망을 이루는 것이니라

뒷모습

2018년 어느 날, 캐나다에서 만난 한 청년이 내게 이런 질문을 해 왔다.

"하나님을 믿게 되면 하나님이 항상 나를 지켜보신다고 하는데, 그 시선이 불편하고 부담스럽진 않나요?"

물론 하나님의 시선이 불편하게 느껴질 때가 있다. 그때는 언제인가? 바로 하나님이 싫어하시는 일을 내가 할 때다.

예전에 〈몰래 카메라〉라는 TV 프로그램이 인기를 끈 적이 있다. 프로그램에 출연하는 주인공을 대상으로 인위적인 상황을 설정해 놓고 그가 황당한 가운데 어떻게 반응하는지를 몰래 관찰하는 프로그램이었다.

나는 그 프로그램을 보면서 많은 생각을 했다. 만약 우리가 몰래 카메라의 주인공이고, 수많은 사람이 내가 하는 모든 행동을 뒤에서 관찰하고 있다면 과연 나쁜 언행을 할 수 있을까? 아마도 사람들을 의식해 최대한 예의 바른 말과 행동을 하고자 노력할 것이다.

우리가 죄를 행할 때 사람의 시선이든, 하나님의 시선이든 그 시선은 우리를 불편하게 한다. 하지만 사람들의 시선이 언제나 우리를 불편하게 하는 것은 아니다. 자신이 위대한 업적을 남겼거나 대단한 일을 했을 때는 오히려 사람들이 자신을 봐 주기를 원한다.

예를 들어, 내가 하버드대학교에 입학했다고 가정해 보

자. 그런데 나 외에 아무도 내가 하버드대학교에 입학했다는 사실을 모른다면 어떤 기분이 들겠는가? 친구도, 가족도, 내가 아는 모든 사람이 그 사실을 모른다면 정말 나는 하버드대학교에 입학했다는 사실 그 자체로 충분히 만족할 수 있겠는가?

정확히 말해, 우리는 나의 장점과 좋은 것들은 사람이 알아 주기를 바라고 나쁜 점은 모르기를 바란다.

무엇보다 중요한 사실은, 사람의 눈은 피할 수 있으나 하나님의 눈은 피할 수 없다는 것이다. 하나님의 시선을 의식하든 의식하지 않든 하나님은 모든 사람의 일거수일투족을 살피고 계신다.

하나님의 시선을 피할 수 없다면 하나님의 시선을 즐기면 되지 않을까? 내가 좋은 일과 착한 일을 할 때 사람들이 알아 주기를 바라는 것처럼, 하나님이 알아 주시니 마음껏 선하고 착한 행동, 성경이 말하는 바른 행동들을 즐겁게 하면 되지 않겠는가? 지금까지 하나님과 사람들 앞에서 당당하게 할 수 없는 일을 하면서 몰래 즐거움을 느꼈다면 이제는 하나님과 사람들 앞에서 당당하게 기쁨을 느끼는 행동을 하면 되지 않을까?

가끔씩 축구 경기를 했던 사진들을 보면 기자들이 찍은 나의 뒷모습 사진들을 발견하게 된다. 언제, 어디서, 누가, 어떻게 찍었는지 알 수 없어서인지 뒤에서 찍힌 뒷모습이 환하게 웃는 앞모습보다 더 진실하고 정직해 보일 때가 있다.

앞모습이 멋진 사람이 아니라
뒷모습이 정직한 사람이 되자!

뒷모습이

정직한 사람이 되자!

한 사람

나는 가끔 사람들의 시선은 의식하면서도, 정작 의식해야 하는 하나님은 의식하지 않는 나 자신을 보게 된다. 나는 얼마나 나의 생각과 나의 시선으로 세상과 하나님을 바라보고 있는가? 하나님의 생각과 나의 시선은 얼마나 다른가?

왜곡된 시선은 곧 세상적인 시선이다. 세상을 살다 보니 세상적일 수밖에 없고, 자연스레 세상적인 시선을 갖게 된다고 변명할 수 있지만 그리스도인들은 하나님의 시선으로 세상을 보고, 하나님의 시선을 자신에게 대입해서 볼 필요가 있다. 그러나 이 일은 내게 무척 어려웠다.

2014년 브라질 월드컵 때였다. 서울에서 브라질까지의 이동 거리도 멀었지만, 무엇보다 월드컵을 중계하기 위해 브라질 내에서도 한 달 반 동안 비행기를 약 23회나 탔다. 비행기를 타고 이동이 잦다 보니 나는 상당히 피곤한 상태였고 몸무게가 많이 빠졌다.

월드컵이 끝난 후 한국에서 2주라는 휴식 시간이 주어졌다. 나는 캐나다 밴쿠버에 살고 있었기 때문에 2주 정도 있다가 캐나다로 돌아가야 하는 상황이었고 너무 피곤해서 어떤 일정도 잡지 않았다.

그런데 한 청년이 내게 강연 요청을 해 왔다. 일반 청년들을 대상으로 한 강연이라고 설명했다. 너무 피곤한 나머지 거절하려고 했는데, 그의 마지막 말에 마음이 흔들렸다. 우리나라 경찰 공무원, 소방 공무원 순직자들의 자녀들을 돕는 의미 있는 프로그램이라고 한 것이다. 게다가 탈북 청년들도 온다고 했다.

평소 북한 청년들에게 관심이 있던 터라 마음에 더 부담이 되었다. 평소 같으면 거절하고 끝냈을 텐데, 한 번 생각해 보겠다고 말했다. 강연 장소도 서울이 아닌 강원도 산골이어서 갈등은 2주 동안 계속되었다. 체력적으로 많이 지친 상태라 쉽게 결정하기 어려웠다. 고민 끝에 마지막 이틀을 남겨 놓고 결국은 못 가겠다는 답을 주었다.

그다음 날, 외출했다가 집에 돌아왔는데 서산에 사시는 사모님이 올라와 계셨다.

"사모님, 어쩐 일로 저희 집에 오셨습니까?"

그러자 "나도 모르겠어. 내가 여기 왜 왔지?"라고 하셨다. 내가 의아해하며 자리에 앉자마자 사모님은 갑자기 북한 선교에 대한 이야기를 꺼내셨다. 그렇잖아도 강연을 거절한 이후라 마음에 부담이 있었는데 북한 선교라니…. 사실 '가야 하는데'라는 생각이 들었는데도 내가 안 간 것이었다. 그 순간 마음속에 어떤 울림이 있었다.

'아, 하나님이 내게 강연에 가라고 말씀하신다.'

강연 하루 전, 강연을 계획했던 청년에게 다시 연락해 가겠다는 의사를 전달했다. 안 오겠다더니 왜 갑자기 마음을 바꾸었냐는 질문에 나는 이렇게 답했다.

"저도 이유는 정확히 모르겠어요. 하지만 제가 어떤 한 사람 때문에 가게 되는 것 같아요."

나는 항상 간증하러 갈 때 이런 마음가짐을 갖는다.

'청중이 10명이든, 1,000명이든, 1만 명이든 결국 그 자리에는 한

사람이 있을 것이다. 나는 그 한 사람 때문에 간증하러 간다.'

그날도 별 생각 없이 "분명히 한 사람 때문에 제가 온 것 같은데, 그 한 사람이 누군지 모르겠어요. 오늘 그 사람을 만났으면 좋겠어요"라고 이야기하고 강연을 시작했다.

강연은 일반적이었다. 청년들에게 비전과 노력에 대해 이야기하고, 왜 실패가 중요한지에 대해서 말했다. 그리고 마지막에는 질문하고 대답하는 시간을 가졌다.

모든 과정이 끝나고, 단 하나의 질문만 남겨 놓은 상태였다. 그런데 그때 내 눈에 강연을 시작할 때부터 앞줄 가운데서 계속해서 울고 있는 한 자매가 들어왔다. 사실 간증 집회가 아니라 희망과 노력을 이야기하는 강연이었기에 울 이유가 없었다. 맨 마지막 질문을 받겠다는 말에 그 자매가 손을 들었고 일어나서 내게 던진 질문은 주제와 전혀 상관이 없었다.

“왜 북한 청년들을 사랑하세요?”

매우 어려운 질문이었다. 왜냐하면 그 질문을 받을 때까지 나 역시 내가 왜 북한 청년들을 사랑하는지, 왜 관심이 있는지에 대해서 한 번도 생각해 본 적이 없었기 때문이다. 그냥 관심이 갔다. 다른 질문들에는 다 답했지만 마지막 질문에 대해서만은 대답하지 못했다.

그곳에서 충분히 대화를 하지 못한 나는 그 자매를 포함해 탈북 청년 몇 명에게 저녁 식사를 제안했고, 우리는 일주일 후에 다시 만났다. 식사 자리에서 알게 된 사실은 이러했다.

강연 때 울었던 자매는 하나님을 믿은 지 이제 6개월 정도 되었고 정말 하나님이 살아 계신지 확신하지 못하고 있었다. 그러던 중 하나님이 살아 계시다면 그 증거로 나를 만나게 해 달라는 기도를 했고, 강연을 통해 기도가 응답되었던 것이다. 그 자매는 나를 보자마자 '아, 정말 하나님은 살아 계시는구나!' 하면서 강연 내내 울었다고 했다.

하나님은 이렇듯 우리가 전혀 알 수도 없는 신비한 방법으로 주님의 일을 하고 계시며, 동시에 우리 한 사람, 한 사람의 작은 기도에 귀를 기울이고 계신다.

강연은 그 자매만을 위한 것이 아니었다. 하나님이 나를 위해 예비하신 강연이기도 했다. 나는 하나님의 시선은 우리와 전혀 다르다는 사실을 확인했다. 하나님이 일하시는 방법을 한 번 되짚어 보자.

한 청년을 통해서 나에게 강연에 참석하라고 말씀하셨지만 나는 하나님의 메시지를 무시했다. 그러자 어떤 일이 벌어졌는가? 하나님은 서산에 계신 사모님의 마음을 움직이셨다. 아마도 답답하고 믿음 없는 나보다는 하나님과 더 가까운, 언제나 순종할 준비가 되어 있는 사모님을 통해서 다시 나에게 말해야겠다고 결정하셨던 것 같다. 사모님의 이유 없는 방문을 통해서 하나님의 뜻을 깨달은 나는 그제야 강연에 참석했다. 그리고 거기서 내가 왜 강연에 참석해야 했는지 알게 하셨다.

수백 명의 청중 앞에서 강연을 하는 사람은 주인공이고 청중은 조연처럼 느껴진다. 하지만 하나님의 관점은 전혀 달랐다. 주인공은 바로 생사의 갈림길에서 살아남아 하나님을 애타게 찾는 한 자매였고, 나와 사모님, 그리고 수많은 청중이 조연이었다. 하나님은 한 사람의 영혼을 위해 우리 모두를 사용하신다는 사실을 직접 확인한 순간이었다.

이 사실을 알고 난 후 나는 마치 주인공 같았던 조연을 허락하신 하나님께 감사하지 않을 수 없었다. 하나님의 계획에 우리가 쓰인다는 사실이 얼마나 기쁜 일인지 그전에는 미처 깨닫지 못했다.

우리가 생각하는 주연과 조연은 하나님이 생각하시는 주연, 조연과 완전히 다르다. 간증을 할 때도 마찬가지다. 내가 강단에 서 있고, 성도들이 듣고 있기에 마치 세상의 시선으로 보면 내가 주연인 것처럼 느껴진다. 하지만 나는 확신한다. 간증이 이루어지는 현장에서 주인공은 바로 성도 한 사람, 한 사람이며 나는 단지 하나님이 사용하시는 조연에 불과할 뿐임을….

하나님의 시선으로 보자.
하나님은 우리 한 사람, 한 사람을
각자 주인공으로 사용하고 계신다.

우리 인생은 어쩌면 일일드라마일 수도 있다. 우리 삶을 연출하는 일일드라마, 주인공은 나 자신이고 주 시청자는 하나님이시다. 하나님이 24시간 일일드라마의 주인공인 우리를 지켜보고 계시는 것이다. 일일드라마에는 주연, 조연, 단역이 있지만 하나님이 보시는 일일드라마에는 다 주연뿐이다. 우리는 모두 주연이기 때문이다.

세상의 일일드라마에는 각본이 있다. 정해진 배역에 따라 악역은 계속 악한 역을, 선한 역을 맡은 사람은 계속 선한 역을 연기한다. 하지만 우리 인생의 드라마 각본은 다르다. 하나님이 선한 역과 악한 역을 고를 수 있는 선택권을 주셨고 우리가 선한 역을 할 때마다 기뻐하시고, 악한 역을 할 때마다 슬퍼하신다.

우리는 하나님을 위해 삶을 살아가고 연기하는 배우들이다. 한마디로 하나님을 의식하며 살아가는 것이다. 아침에 눈을 떠서 하루 일과를 마치고 잠들 때까지 하나님은 결코 지루해하지 않으시고 매번 우리의 일상을 시청하신다. 365일 계속 반복되어 시청률도 나오지 않을 것 같은 일일드라마를, 놀랍게도 하나님은 채널을 돌리지 않고 즐겁게 시청하신다. 정확하게 우리 한 사람, 한 사람에게 채널을 고정시키고 끊임없이 지켜보신다.

우리의 시간과 공간 속에 계시는 하나님을 의식하면서 살아갈 때 우리는 하나님이 주시는 참 기쁨을 느끼며 살게 될 것이다.

우리는 모두 하나님이 시청하시는

일일드라마의 주인공이다.

응답

하나님은 우리의 기도를 분명히 들으시는 분이다. 하지만 기도를 들으시는 것이 곧 우리가 원하는 응답을 하시겠다는 뜻은 아니다. 누군가 말했던 것처럼, 하나님은 우리의 기도에 "Yes", "No", 그리고 "Wait"으로 답하신다는 것에 나는 어느 정도 동의한다. 하지만 우리가 기도하고 기다리는 시간은 하나님의 응답이 "Yes"인지 "No"인지, 혹은 "Wait"인지 구별하기 힘들 때가 많다. 어느 때는 깜짝 놀랄 정도로 빠르게 응답하셨던 하나님이 어떤 순간에는 너무 느리게 움직이시는 것이 아닌가 하고 느껴지기도 한다.

기도는, 그리고 신앙은 하나님을 졸라 내가 원하는 것을 얻어 내는 것이 아니라 절대자이시면서 언제나 옳으신 그분 앞에서 나 자신의 잘못된 마음과 욕심을 버리는 것임을 우리는 알고 있다. 하지만 동시에 우리는 무언가가 필요하다고 느껴질 때면 모든 체면을 내려놓고 주님께 매달리게 된다.

지금 돌아보면 참 어리석고 막무가내식 기도를 하나님은 들어주셨고, 나의 믿음이 부족함에도 불구하고 나의 작은 믿음을 탓하시기 전에 먼저 하나님이 나를 얼마나 사랑하시는지를 보여 주셨다.

2002년 7월 월드컵이 끝나자마자 나는 하나님께 매일 새벽기도를 드렸다.

"하나님, 저를 유럽에 보내 주십시오."

2001년 2월에 하나님을 믿기 시작했으니 신앙생활을 시작한 지 2년이 채 되지 않았지만 그 당시에도 나는 하나님을 이용해 내가 원하는 무언가를 얻으려는 것은 신앙이 아니라 미신임을 알고 있었다. 그러나 너무나 간절했다. 내 실력이나 신체 조건은 도저히 유럽에 진출할 수 있는 수준이 아니라는 걸 알면서도 솔직하게 모든 마음을 주님께 고백하며 세계 최고 수준의 축구를 경험하고 싶다고 5개월 동안 기도했다.

정확히 2002년 11월 24일, 온누리교회 서빙고 성전 주일 3부 예배에서 있었던 일이다. 매일 새벽예배에 나가 기도를 하지만 금세 그 내용을 잊어버리던 나는 그날 주일 3부 예배 때 찬양을 드리고 있었다. 그런데 갑자기 눈물이 나면서 가슴으로 뜨거운 무언가가 쑥 들어오는 느낌을 받았다. 그리고 동시에 내 마음속에서 한마디 음성이 들렸다.

"내가 너를 유럽에 보내 주겠다."

나는 그것이 하나님의 음성임을 직감했다. 그리고 찬양이 끝나자마자 성경책에 하나님의 약속의 말씀을 기록했다. 예배를 드리고 나오면서 '나는 이제 유럽에 진출한다!'는 희망으로 가득 차 있었다.

하지만 동시에 약간 걱정이 되기도 했다. 그때까지 나는 누구에게도 유럽에 진출하고 싶다는 이야기를 한 적이 없었고, 당시 수비수인 내가 유럽에 진출할 수 있을 것이라고 생각하는 사람도 없었기 때문이다. 더군다나 그때까지 나는 그 어떤 제안도 받지 못한 상태였다.

하나님의 음성을 듣고 난 2주 후에 네덜란드 PSV 아인트호벤 감독을 맡고 있었던 거스 히딩크 감독이 한국을 방문했고, 만나자는 연락이 왔다. 히딩크 감독은 나에게 스카우트 제의를 했고, 정확히 4주 후에 나는 계약서에 사인을 하고 PSV 아인트호벤이라는 네덜란드 최고의 명문 팀으로 이적을 하게 되었다.

다른 사람들은 실력으로 유럽에 진출했지만
나는 전적인 하나님의 은혜로 유럽에 진출했다.
하나님의 음성을 듣고 유럽에 진출하기까지
단 6주밖에 걸리지 않았다.

2003년 1월, 네덜란드 스키폴공항에 도착해 아인트호벤으로 이동하기 위해 남쪽으로 향하는 고속도로를 달리는데, 수십 미터나 되는 큰 나무들이 양 길가에 늘어서 있었다. 직접적인 하나님의 음성을 듣고 유럽까지 갔던 터라 나도 모르게 "나무야, 쓰러져라!" 하고 외치고 싶었다. '정말 나무가 쓰러지면 어쩌지?' 하는 쓸데없는 걱정까지 하면서 말이다. 그 정도로, 하나님의 음성을 듣고 그 말씀이 내 삶에 실제로 이루어진 일은 내게 참으로 놀라운 체험이었다.

네덜란드 도착 후 첫 주일, 그곳에 오래 거주하면서 나를 도와주던 교민 2세 한국인 매니저와 함께 나는 교회에 가기로 했다. 당시 네덜란드에는 암스테르담과 로테르담에 두 개의 한인 교회가 있었는데, 나는 로테르담에 있는 교회에 출석하고 싶었다. 매니저 친구의 집은 암스테르담이었는데 대학교는 로테르담에서 다녔다.

그에게 로테르담에 있는 한인 교회에 가고 싶다고 이야기하자 예배시간이 11시이고 1시간 정도 걸린다고 했다. 그러면서 지금이 오전 10시니까, 아마 길을 찾아 가려면 예배 시간에 조금 늦을 것 같다고 덧붙였다.

"형, 로테르담은 고속도로를 타고 가면 되니까 가는 길은 문제가 아닌데, 내가 로테르담 한인 교회가 어디 있는지 한 번도 안 가 봐서 어쩌면 예배 시간 안에 도착하지 못할 수도 있어요."

매니저 친구는 모태신앙이었지만 내가 "하나님이 정말 살아 계셔?"라고 물어보면 잘 대답하지 못했고, "정말 하나님 믿어?"라고 질문하면 신은 마음속에 있는 것이라고 말하곤 했다. 하지만 나는 하나님이 내가 네덜란드에 와서 처음으로 교회에 가는데 반드시 인도하실 것이라는 믿음이 있었다. 그래서 이렇게 말해 버렸다.

"야, 네가 가고 싶은 데로 가. 그럼 거기에 교회가 있을 거야. 그리고 예배 시간에도 늦지 않을 거야."

그때만 해도 지금처럼 스마트폰으로 모든 정보를 검색하던 시절이 아니었다. 물론 인터넷으로 지도를 대충 검색할 수는 있었지만 네덜란드에 막 도착한 터라 집에 인터넷이 설치되어 있지도 않았다. 그 말을 하고 나서 사실 양심의 가책을 좀 느끼긴 했지만 고속도로로 들어가서 로테르담에 거의 다 도착할 무렵 나는 또 이렇게 말했다.

"형, 여기 로테르담인데 어디로 빠져요?"

"너 가고 싶은 데로 가. 거기 교회가 있을 거야."

농담처럼 느낀 매니저 친구는 "형, 장난하지 마요. 난 진짜 교회가 어디 있는지 모르는데. 어디에서 빠져요?" 하고 말했다. 그렇게 묻기를 반복했고 나도 "너 가고 싶은 데로 가"라는 말을 반복했다. 고속도로를 빠져나가 몇 번의 교차로에서 묻기를 반복하고 투덜거리며 핸들을 돌리던 그가 먼저 말을 꺼냈다.

"어? 여기가 한인 교회 같은데요?"

정말 우리가 찾던 그 교회가 바로 앞에 있었다. 시간은 딱 11시! 나는 예배 시간에 늦지 않게 도착해 네덜란드에서의 첫 예배를 드릴 수 있었고, 예배를 드리는 내내 매니저 친구는 아무 말도 하지 않았다. 예배를 드리고 그곳에서 처리해야 할 일들을 끝낸 뒤 저녁 때 아인트호벤으로 돌아오는 차 안에서 나는 그에게 물었다.

"야, 정말 하나님이 살아 계시지 않니? 사실 그냥 한 말인데, 정말 네가 운전하고 갔더니 거기 교회가 있었잖아."

그러자 그가 이렇게 대답하는 것이었다.

"형, 내가 예배드리는 동안 곰곰이 생각해 봤는데, 그전에도 이런 적이 있었어요. 내가 갑자기 집 밖으로 나왔는데 버스가 제시간에 온 적도 있고, 뭔가를 만지려고 했는데 바닥에 돈이 떨어져 있던 적도 있었어요. 예배를 드리는데 그 생각이 나더라고요."

그는 자신이 운전을 좋아하기 때문에 본능적으로 교회를 찾아온 것 같다고 말했다. 나는 그 말을 듣고 '아, 이 친구가 마음속에 약간의 혼돈은 있었지만 하나님이 살아 계신다는 사실을 받아들이지는 않는구나'라고 느꼈다.

아인트호벤에 도착하자마자 우리는 저녁 식사 장소를 찾기 위해 시내로 들어갔다. 아인트호벤 시내에는 유료 주차장과 무료 주차장이 있는데, 무료 주차장은 자리가 몇 개 안 되고 유료 주차장은 자리가 많다. 보통 무료 주차장을 가려면 유료 주차장을 지나야 했고, 유료 주차장을 지나 무료 주차장 쪽으로 가려면 그 길이 일방통행로라 10분 정도를 돌아야 다시 원래 자리로 돌아올 수 있는 상황이었다. 유료 주차장에는 항상 자리가 있기 때문에 대부분은 곧바로 유료 주차장으로 가서 주차를 했다.

그날도 우리는 유료 주차장에 들어갔다. 그런데 자리가 하나도 없었다. 유료 주차장이 꽉 찼으니 무료 주차장에는 당연히 자리가 없을 것이 분명했다.

"형, 여기 자리가 없으니까 차라리 반대쪽으로 돌아가서 차를 대고 걸어서 밥 먹으러 가죠."

그때 또 내가 이렇게 말했다.

"무료 주차장으로 가. 거기 자리가 있을 거야."

나는 그에게 하나님은 실제로 살아 계신 분이며, 우리와 지금 이 순간에도 함께하고 계신다는 사실을 알려 주고 싶었다.

"형, 유료 주차장에 자리가 없는데 어떻게 무료 주차장에 자리가 있겠어요?"

"그래도 가 봐. 분명히 있을 거야."

왠지 모를 나의 확신에 매니저 친구는 차를 몰아 무료 주차장으로 가는 일방통행로로 향했다. 유료 주차장을 빠져나와 무료 주차장에 들어서는 순간, 차 한 대가 비상등을 켜고 빠져나갔다. 바로 우리 앞에서 말이다. 사실 나도 좀 놀랐다. 빈 자리에 차를 대고 식사를 하면서 그와 또다시 이야기를 나누었다.

"오늘 네가 처음 간 교회를 한 번에 제대로 찾아간 것은 우연일 수도 있어. 그런데 오늘 이런 일이 두 번 일어났는데, 그건 좀 뭔가 생각해 봐야 되지 않겠니?"

하지만 그는 여전히 마음을 바꾸지 않았다.

이 일을 통해 나는 일상 중에 일어나는 모든 일을 어떤 사람은 우연으로 치부하고, 믿는 사람은 하나님의 응답으로 받아들인다는 사실을 알게 되었다. 하나님을 받아들일 수 없는 사람에게는 모든 것이 우연의 일치일 뿐이다. 그러나 하나님을 믿는 우리에게는 삶에서 일어나는 모든 일에 우연이 존재하지 않는다.

내 삶에 직접적으로 개입하고 계신 하나님을 인정하고 그 속에서 하나님의 미세한 음성과 손짓을 느끼는 일, 이 일이 어떻게 우연일 수 있는가?

어쩌면 하나님이 응답하지 않으시는 것이 아니라 하나님의 응답을 우리가 인정하지 않는 것은 아닐까?

제비뽑기

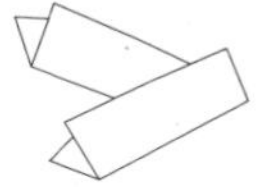

네덜란드를 떠나서 잉글랜드 프리미어 리그 토트넘에서 뛸 때 나는 일링교회에 다녔는데 그곳은 40여 년 전 하용조 목사님이 영국에 계실 때 개척하시고 3년 정도 목회하셨던 교회였다. 교회에 다닌 지 1-2년 지났을 무렵 우연치 않게 담임목사님의 생신 소식을 아는 집사님을 통해 듣게 되었고, 나는 팀 훈련이 끝난 후 집에서 아내와 점심을 먹으면서 이런 이야기를 나누었다.

"곧 담임목사님의 생신이라는데, 우리가 알았으니 선물을 좀 해 드려야 하지 않을까? 어떤 선물이 좋을까?"

둘은 아이디어를 내기 시작했다. 넥타이, 양말, 구두, 서류 가방, 와이셔츠 등 다양한 선물 목록이 7-8개 나왔다. 그리고 맨 마지막에 "양복?"이라는 말이 나왔다. 그 순간 아내와 눈이 마주쳤다.

'양복은 좀 비싼데.'

선물을 정하기 어려웠던 우리는 재미 반, 진심 반으로 실제 성경에서 무엇인가를 선택할 때 제비를 뽑았다는 사실을 기억하고, 제비뽑기로 목사님의 선물을 결정하기로 했다. 영국에서는 대부분의 양복이 맞춤 양복이라 가격이 많이 비싸다는 생각에 아내와 나는 웃으며 "설마 양복이 나오지는 않을 거야"라고 말했다.

나는 “하나님, 저희는 목사님이 뭐가 필요하신지 모르겠습니다. 목사님께 가장 필요한 것을 뽑게 해 주세요”라고 기도한 후 작은 주머니에 8개의 선물 목록을 각각 적은 쪽지들을 넣었다. 그리고 다시 한 번 “설마 정말 양복이 나오지는 않겠지?”라고 말하며 한 장을 뽑았다.

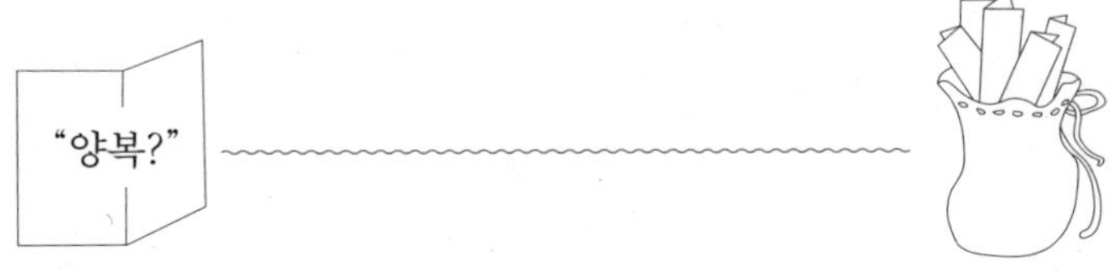

나는 조금 놀랐지만, “에이, 이건 아니야”라고 말하며 아내에게 다시 뽑으라고 말했다. 아내도 웃으며 “그래, 맞아. 내가 다시 뽑을게” 하며 주머니 속에 손을 넣었다. 아내는 아주 오랫동안 쪽지들 사이를 휘저은 다음 한 장을 뽑았다.

재미 반, 진심 반으로 시작한 우리의 제비뽑기가 더 이

상 재미가 아니라 하나님의 음성으로 다가온 순간이었다.

그 주에 나는 목사님께 전화를 걸어 런던 시내에서 식사를 같이 하자고 말씀드렸다. 약속한 날 식사 후 양복점에 들러 목사님께 양복을 선물해 드렸다. 처음에는 사양하시던 목사님도 우리가 양복을 선물하게 된 사연을 들으시고는 기꺼이 받아 주셨다.

그 일이 있은 지 몇 주가 지나고 나서 목사님이 양복 이야기를 꺼내셨다. 10년 전에 산 겨울 양복 한 벌이 전부여서 겨울에는 괜찮았지만, 여름에는 입을 수 없어 와이셔츠만 입고 말씀을 전하거나 꼭 양복을 입어야 하는 상황이 생길 때면 당황스러웠다고 하셨다. 목사님은 우리가 양복점으로 모시고 들어간 순간, '아, 하나님이 주시는구나!'라는 마음이 들었다고 고백하셨다. 그 순간 우리는 왜 하나님이 우리에게 '양복'이라고 적힌 쪽지를 뽑도록 하셨는지 알게 되었다.

주머니 속에 들어 있는 8개의 쪽지들 중에서 2회 연속

'양복'이 적힌 쪽지를 뽑을 확률은 수학적으로 계산했을 때 정확히 1.56%다. 100개의 공 중에서 1-2개밖에 없는 검정색 공을 한 번에 찾아낼 수 있는 확률이다. 이것이 어떻게 우연일 수가 있는가?

여섯 번의 만남

2014년 브라질 월드컵이 끝난 후 나는 다시 일상으로 돌아가기 위해 캐나다 밴쿠버로 향했다. 도착한 첫날 UBC 캠퍼스 안에 있는 동네의 작은 광장에서 커피를 마시고 있었는데, 우연히 내 옆을 지나가던 한국 청년이 나에게 다가와 사인을 요청했다. 사인을 하고 함께 사진을 찍은 후 잠시 이야기를 나누었다.

청년은 어렸을 때 한국에서 캐나다로 이민을 왔고 UBC 대학 철학과를 다니고 있다고 자신을 소개했다. 가볍게 시작된 이야기는 곧 철학이라는 주제로 이어졌고, 자연스럽게 종교에 대한 대화로 연결되었다. 그는 하나님을 믿지 않았기 때문에 창조론 자체를 부정했고, 나는 진화론을 인정하지 않고 맞섰다.

이야기를 나눈 지 2시간쯤 지났을 때 청년에게 한 가지 제안을 했다. 당시 나는 그 동네에 3년째 살고 있었고, 그는 10년 넘게 살고 있었는데 그 작은 동네에서 우리가 겹치게 살고 있었던 지난 3년 동안, 우리는 그날 처음으로 마주쳤다.

"만약 앞으로 일주일 동안 우리가 몇 번을 더 우연히 만나면 하나님이 살아 계신 것이 진짜라고 믿을 수 있겠어?"

이 질문에 청년은 잠깐 고민한 후 3번이라고 답했다. 나는 그에게 하나님이 살아 계신지 한번 확인해 보자고 말했다. 그는 나의 제안을 받아들였다. 나는 청년에게 "일부러 서로 연락처를 주고받을 필요는 없겠다"고 농담 반, 진담 반으로 말했다. 그리고 실제로 서로의 연락처를 교환하지 않고 헤어졌다.

일주일이 지났을 때 우리는 동네에서 정확하게 6번 마주쳤다! 심지어 밤늦게 아내가 갑자기 운전 연습을 하겠다고 해서 밖에 나갔다가 신호등에서 대기하고 있는데 청년이 건널목을 건너면서 우리 앞을 지나갔다. 나는 창문을 열어 그를 부른 후 이렇게 말했다.

"4번째다."

청년은 가던 길을 멈춘 채 우리를 멍하니 지켜봤다.

6번째 청년을 만날 때는 혼자 공부를 하고 있는 나에게 그가 먼저 다가와 말했다.

"지금 제가 이곳으로 들어오려고 하는 순간, 갑자기 형님이 여기 있을 것 같은 느낌이 들었어요."

우리는 그다음 주부터 일대일 성경 공부를 시작했다.

하나님은
언제나 우리 가까이에 계시며
우리와 함께
많은 영혼에게
하나님을 나타내고 싶어 하신다.

어쩌면 많은 사람이 하나님이 안 계신다고 생각하는 이유는 하나님을 설명하고 하나님의 살아 계심을 선포해야 할 우리가 그 역할을 제대로 하고 있지 못하기 때문은 아닌가 하는 생각이 들었다.

하나님을 믿는 우리가 매일같이 하나님을 내 안에 초

대하지 않는다면 성경이 말하는 놀라운 일들은 그저 약 2000년 전의 이야기일 뿐, 살아 있는 오늘의 이야기는 될 수 없다.

나는 신비주의나 놀라운 일들에 목매는 왜곡된 신앙을 경계한다. 믿음은 보지 않고 믿는 믿음이 더욱 귀한 까닭이다.

그러나 동시에 복음의 힘을 잃어버리고 능력마저 상실해 버린 신앙은 더더욱 경계한다.

하나님이
내 안에서
그분을
나타내실 수 있도록

우리의 마음에

언
제
나

그분의 공간을 비워 드리자.

내가 아니라
하나님이 나를 통해
그분의 일을
하실 수 있도록.

맛있는 사과,
맛없는 사과

어느 날 사과를 먹는데, 사과가 정말 맛있었다. 그 순간 눈물이 핑 돌았다. 오늘 내가 정말 맛있는 사과를 먹게 하시려고 하나님이 수년 전에 누군가로 하여금 사과나무를 심게 하시고, 또 올 봄에 사과 꽃을 피우시고, 햇빛을 주시고, 바람을 주시고, 누군가의 손을 사용하셨다는 생각을 하니, 이것이 바로 하나님의 은혜라는 생각이 들었다.

그러면서 일상 중에 일어나는 모든 일, 즉 아침에 해가 뜨고 저녁에 해가 지고, 바람이 불고 바람이 멈추고, 또 우리가 인생의 작은 시간을 하나님께 드리는 모든 것이 하나님의 놀라운 은혜가 아닌가라는 생각을 하게 되었다.

얼마 후에 나는 또 사과를 먹었다. 그런데 그 사과는 맛이 없었다. 그 순간 '어? 이 사과는 하나님이 만들지 않으셨나?'라는 생각이 들었다. 그런데 맛없는 사과를 먹으면서 얼마 전에 먹었던 하나님이 예비하신 맛있는 사과 생각이 나면서 또 한 번 하나님의 은혜를 체험할 수 있었다.

'내가 맛없는 사과를 먹었을 때 나로 하여금 맛있는 사과를 예비하신 하나님을 다시 생각하게 해 준 고마운 맛없는 사과! 결과적으로는 맛있는 사과를 먹든, 맛없는 사과를 먹든 하나님의 은혜를 체험하게 하시려는 하나님의 계획이었구나.'

우리는 그동안 하나님이 기도에 반응하지 않으신다고

불평만 할 뿐, 정작 하나님이 일상 속에 부어 주신 엄청난 은혜에 대해서는 그 어떤 감사의 반응도 하지 않고 있었던 것은 아닐까? 우리의 일상이나 자연 속에서 하나님을 발견하지 못하고 하나님의 은혜에 반응하지 못하면서, 즉 은혜를 앞에 두고 은혜를 구하는 어리석은 일을 반복하지는 않았을까?

하나님의 은혜는

지금 이 순간에도

모든 믿는 자에게 임하고 있다.

다만,

은혜를 은혜로 받아들이지 않는

우리가 있을 뿐이다.

시간과 공간 사이

2013년 여름, 선교사로 헌신하기로 작정하고 선교사 훈련을 받고 있던 처제 부부로부터 안타까운 소식을 들었다. 선교 훈련을 마치고 선교지인 캄보디아로 향한 한인 선교사 가족이 캄보디아 고속도로에서 사고를 당해 일가족 여섯 명 중에 선교사님 부부와 자녀 둘을 포함한 네 명이 그 자리에서 순교하고 나머지 자녀 두 명은 위독한 상태라는 소식이었다.

그 이야기를 듣고 나와 아내는 잠시 아무 말도 하지 못했다. 하나님을 온전히 신뢰하고 있지만 그런 소식을 들을 때면 약간 혼란스러운 마음이 들기 때문이다.

'왜 하나님은 선교지도 아니고 선교지로 가는 길목에서 순교를 허락하셨을까? 안타깝고 이해하기 힘든 죽음을 우리는 도대체 어떻게 받아들여야 하는 것일까? 다른 건 몰라도 부모와 형제를 동시에 잃어버리고 남은 두 명의 자녀들은 어떻게 되는 것일까?'

다음 날 아침에도 남은 아이들에 대한 걱정이 마음속에 남아 있었다. 마음 같아서는 어떻게든 그들을 돕고 싶었지만 마땅한 방법을 찾지 못했다. 하지만 며칠 동안 마음에 남아 있던 그 사건도 시간이 흐르면서 점차 마음속에서 잊혀져 갔다.

그리고 2013년 겨울, 내 이메일에 낯선 편지가 하나 들어와 있었다. 메일을 열어 본 나는 깜짝 놀라고 말았다. 이야기의 전말은 이러했다.

2013년 1월, 서울의 한 대학병원에 갈 일이 있었던 나는 우연한 기회에 병원에 소정의 기부금을 드리면서 혹시 선교사님이나 선교사님 자녀들 중에 치료비가 모자라는 환자가 있으면 사용해 달라고 부탁드렸었다. 그러고는 까맣게 잊고 있었다.

앞의 메일은 바로 그 대학병원에서 보낸 편지였고, 내가 기부한 돈이 어떻게 쓰였는지를 알려 주는 내용이었다. 놀랍게도, 2013년 1월의 기부금이 2013년 여름 캄보디아에서 교통사고로 순교하신 선교사님 자녀들의 치료비로 쓰였던 것이다.

시간과 공간의 지배를 받지 않으시는 하나님!

사건이 나기 전에 드린 나의 기부는 하나님만 바라며 오직 주님을 위해 목숨 바치기로 결단하고 선교지로 향한 선교사님과 그 자녀들을 위한 하나님의 사랑이요 작은 배려였다.

사람들의 생각은 살아 있는 것이 축복이고, 오래 사는 것이 복이지만 하나님의 생각은 우리와 다르다. 하나님은 어떻게 사느냐가 아니라 어떻게 죽느냐, 어디서 사느냐가 아니라 어디서 죽느냐를 더 중요하게 생각하신다. 그리고 남겨 둘 자들을 이 땅에 남겨 두셔서 여전히 주님의 일들을 행하게 하신다.

우리가 아직 이 땅에 남아 있는 것은 우리를 통해서 무언가를 하시겠다는 하나님의 분명한 계획이다. 그렇지 않고서야 우리가 이 땅에 살아 있을 이유가 도대체 무엇인가?

PART 3.

축구의 가치관

스포츠가 복지다

스포츠에서 가장 중요한 것은 당연히 재미다. 재미있는 축구를 하기 위해서는 두 가지 전제 조건이 필요하다. 하나는 축구를 잘하는 것이고, 또 하나는 이기는 것이다. 그런데 축구를 잘하고 이기려면 어떻게 해야 할까?

무엇보다 중요한 것은 축구를 잘하도록 조성된 그 나라의 축구 환경이다. 우리나라의 K리그를 제외하고 해외 5개국에서 선수 생활을 하면서 가장 많이 배운 것은 선진 축구의 기술과 전술보다 축구를 잘하는 나라의 환경 곧 시스템이었다. 좋은 환경과 좋은 시스템이 축구를 잘하게 만드는 것처럼 만약 우리 사회의 스포츠 환경을 더 좋게 만든다면 국민 모두가 스포츠를 통해 더 건강해질 수 있지 않을까? 이것이 바로 스포츠 복지다.

혹시 이 책을 읽고 있는 독자들 중에 작년 3월에 어디서 무엇을 했는지 정확히 기억하는 사람이 있는가? 5년 전 10월에 어디서 무엇을 했는지 기억하고 있는가? 아마 단번에 기억해 내기가 쉽지 않을 것이다. 그렇다면 2002년 6월에는 어디에서 무엇을 하고 있었는가?

해외에서 한국 교민이나 유학생을 만날 때마다 느끼는 것은 "2002년!" 하면 모두가 정말 행복해한다는 사실이다. 바로 월드컵 때문이다. 2002년 한국을 가득 메운 함성과 열기는 아마 나를 비롯한 모든 한국인이 평생 잊을 수 없을 것이다. 축구선수에게만 아니라 대한민국 모든 국민에게 특별한 기억, 특별한 추억, 또 특별한 의미인 것 같다. 아마

내 생각에는 100년 혹은 200년이 지난 이후에도 '전 국민이 함께 행복했던 순간' 중 하나로 손꼽히지 않을까 한다. 이처럼 스포츠는 단순히 스포츠를 넘어서 한 세대에 추억을 공유하게 하는 힘이 있다.

나는 2011년 대표 팀에서 은퇴했다. 그 후 2년 동안 캐나다 밴쿠버 화이트캡스에서 선수 생활을 한 후 2013년을 마지막으로 선수 생활에서 완전히 은퇴했다. 현재 나는 밴쿠버 화이트캡스에서 팀의 앰버서더 역할을 하면서 팀과 함께 이벤트에도 참가하고, 구단을 운영하는 많은 사람에게 다양한 것들을 배우며 생활하고 있다.

내가 캐나다에 살면서 정말 부러운 것이 한 가지 있는데, 그것은 캐나다에서는 남녀노소를 막론하고 누구나 즐기는 스포츠가 최소한 한두 가지씩 있다는 사실이다. 그것도 우리가 생각하는 것처럼 간단한 산책이나 조깅 수준이 아니라 아이스하키나 스케이트, 펜싱 등 우리나라에서는 엘리트 선수들이나 하는 운동을 그들은 그야말로 일상생활에서 즐기고 있다. 캐나다인들에게 스포츠는 말 그대로 일상이다.

더 놀라운 것은 이런 고강도의 격렬한 스포츠를 즐기는 연령대가 20-30대의 젊은 층뿐만이 아니라 60대 혹은 70대의 고연령층을 포함한다는 사실이다. 그들은 나이가 들수록 체력적으로 약해져 가는 일반적인 상황을 적극적이고 진취적인 방법으로 새롭게 받아들이고 있다. 그리고 노년의 단조롭고 외로울 수 있는 생활을 스포츠를 통해 많은 사람을 만나면서 더욱 활기차게 보내고 있다.

하지만 안타깝게도 우리나라는 그렇지 못하다. 2014년 노인실태조사 내용을 살펴보면, 우리나라 노인 10명 중에서 9명은 만성 질환을 앓고 있고, 거의 대부분의 어르신들이 건강하지 않은 상태로 노년기를 보내고 있다. 건강하지 않은 상태에서 100세를 산다면, 이것을 과연 축복이라고 할 수 있을까?

2015년을 기준으로 우리나라의 평균 수명은 82세이지만 건강 수명은 73세 정도밖에 되지 않는다. '건강 수명'이라는 말은 질병 없이 건강하게 사는 기간을 뜻한다. 다시 말하면, 우리나라 사람들은 평균적으로 9년 정도를 아프다가 생을 마감한다는 의미다.

나이가 들어서 건강하게 살지 못하는 것은 그저 개인의 문제로 끝나지 않는다. 현재 우리나라가 감당해야 할 노인 의료비는 거의 40조 원에 가깝다. 현재의 속도라면 2020년쯤 우리나라 건강보험 적자 규모는 약 6조 3,000억 원이 되고, 40년 후에는 약 132조 원이라는 어마어마한 액수가 예상된다.

그렇다면 이런 우울한 미래를 바꿀 방법은 없는 것일까?

답은 있다. 우리나라 어르신들도 아프지 않고 스스로 건강한 삶을 살 수 있도록 운동을 하게 만드는 것이다. "건강을 위해 운동을 하라"는 말은 매우 당연하게 들리겠지만, 또한 건강하기 위해 우리가 할 수 있는 유일한 길이기도 하다.

왜 우리는 운동이 중요하다는 것을 알면서도 운동을 하지 않는 것일까? 여러 가지 이유 중에 하나는 운동을 하고 싶어도 충분한 환경이 조성되어 있지 않아서다. 일단 운동 시설이 충분하지 않고 운동할 수 있는 장소가 제한적이다. 단적인 예로, 우리나라에는 사회인 야구팀이 2만 개가 넘게 있지만 전국에 야구단은 약 350여 개 정도밖에 되지 않는다.

그나마 요즘에는 생활 체육을 하려는 사람들이 점점 늘어나고 있는데, 오히려 생활 체육 예산은 점점 줄어드는 추세다. 이대로라면 우리는 우리 미래의 건강을 절대로 지킬 수가 없다. 그리고 국가도 개인도 늘어나는 의료비를 결국은 감당하지 못하게 될 것이다.

다행히 이러한 고민은 우리나라뿐만 아니라 우리보다 앞서가는 선진국들에서도 나타나고 있는 문제들이다. 처음에 선진국들도 의료비나 간병비를 지원했지만 이 방법에는 한계가 있었다. 그래서 그들이 찾아낸 것이 바로 스포츠 복지다. '스포츠 복지'란 원하는 사람이면 누구나 스포츠를 즐길 수 있는 환경을 국가가 적극적으로 나서서 만듦으로써 국민의 건강을 지키고 삶의 질을 높이는 것을 말한다.

아픈 사람에게 의료비를 지원해 주는 복지가 아니라
운동을 통해 아프지 않게 예방하는 복지!
이것이 바로 선제적 스포츠 복지의 핵심이다.

실제로 유네스코는 "스포츠 활동에 1달러를 투자하면 3달러의 의료비를 줄일 수 있다"는 연구 결과를 발표했다. 쉽게 말해, 운동을 하면 병원에 갈 일이 줄어든다는 것이다.

현재 많은 선진국이 스포츠 복지를 통해 국민의 건강과 삶을 지키기 위해 노력하고 있다. 캐나다도 지난 2010년부터 고령사회로 진입하면서 스포츠 복지에 적극적으로 투자하기 시작했고, 지금은 스포츠 복지의 선진국으로 손꼽히고 있다. 밴쿠버 UBC 지역의 경우 축구장과 야구장, 아이스하키장, 스케이트장, 실내경기장, 수영장 등이 잘 구비되어 있어 거의 모든 스포츠를 차로 5분 거리 안에서 즐기고 배울 수 있다. 각 경기장의 시설도 훌륭하지만, 무엇보다 시설을 이용하는 요금이 저렴하다. 우리나라도 최신식 시설이 집 근처에 있고 사용료마저 저렴하다면 사람들이 자연스럽게 운동을 하게 되지 않을까?

스포츠 복지를 실현하는 데는 이처럼 좋은 시설을 짓는 것 외에도 다양한 방법이 있다. 자연의 도시 호주 시드니에는 도시 전체에 다양한 워킹 코스가 있다. 동네 주변을 걷는 간단한 코스도 있고, 해안가를 따라 걷는 6시간짜리 코스, 산악으로 이어지는 4박 5일짜리 코스 등 무척 다양하다. 이웃 나라 일본도 현재 스포츠 복지에 많은 예산을 투입하고 있고, 특히 노인들을 위한 다양한 스포츠 무료강습과 프로그램을 진행하고 있다.

이처럼 선진국들은 고령화 시대를 맞아 더 좋은 스포츠 환경을 만들기 위해 오랫동안 꾸준히 투자해 왔다.

그렇다면 우리나라 어르신들은 여가 시간을 어떻게 보

내고 있을까? 대부분의 어르신들이 TV를 보거나 낮잠으로 때우신다. 어르신들 중에 "스포츠를 한다"고 대답한 경우는 겨우 4%밖에 되지 않았다. 또한 80%의 어르신들은 학교 체육 외에 다른 체육활동 경험이 전혀 없었다. 심지어 70대 이상에서는 체육활동 자체를 해 본 분들이 거의 없었다. 어르신들은 어렸을 때부터 스포츠를 하면서 즐거웠던 경험이 없기 때문에 시간이 있어도 운동을 해야겠다는 생각을 하지 못하고 계셨다.

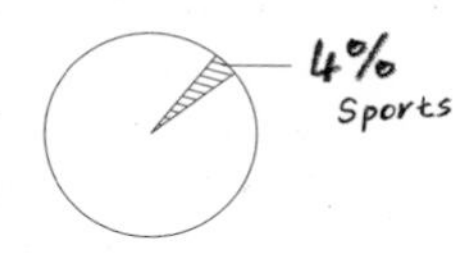

사실 운동을 습관화하기란 쉬운 일이 아니다. 어릴 때부터 꾸준하게 운동을 즐겨야 나중에 일상에서 스포츠를 즐기며 살아갈 수 있다. 그래서 중요한 것이 바로 학교 체육이다.

일본에서는 입시를 바로 앞에 둔 고3 수험생들도 동아리 스포츠는 반드시 즐기고, 학교나 학부모도 이런 활동을 적극적으로 지지한다. 그 이유는 청소년들이 체육활동을 통해 삶을 살아가는 데 필요한 더 많은 것을 배운다고 믿기 때문이다. 책임감이나 협동심, 희생정신, 그리고 결과에 승복할 줄 아는 스포츠 정신은 학교 수업만으로는 결코 배울 수 없는 것들이다. 캐나다에서는 아예 일반적인 수업 시간에 아이들이 몸을 최대한 움직일 수 있도록 수업을 진행한다. 수학 시간 등 일반 수업 시간 중간에 7분 동안 복근 운동이나 점프하기, 팔굽혀펴기, 균형잡기 등 아주 적극적인 체육활동을 적용하고 있다.

그렇다면 한국의 아이들은 어떨까? 나는 사실 이 통계를 보고 좀 충격을 받았다. 우리나라에서는 남학생 10명 중 8명, 여학생 10명 중 무려 9명이 건강을 유지하기 위한 최소한의 신체 활동도 하지 않고 있는 것으로 나타났다.

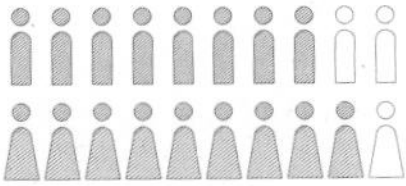

실컷 뛰놀며 몸을 움직여야 할 나이에 왜 이렇게 활동량이 적은 것일까? 하루 종일 학교에 앉아서 공부만 하다가 또 학원에 가서도 공부만 하기 때문이다. 아이들이 몸을 움직일 수 있는 시간은 오직 체육시간뿐이다. 하지만 체육시간

마저 턱없이 부족하다.

우리나라 초등학교 체육수업의 비중은 겨우 7%다. 10% 이상인 캐나다, 일본, 독일에 비해 3%가 부족하고, 그나마 학년이 올라갈수록 점점 줄어든다. 그리고 고등학교에 올라가면 일주일에 겨우 2시간 체육을 한다. 가장 활발하게 운동을 해야 할 나이에 일주일에 단 2시간만 운동을 할 수 있다니, 아이들은 과연 행복할까?

한 대학교 연구 팀이 우리나라 청소년 37만 명의 설문조사를 분석한 결과, 주 1회 이상 신체활동을 한 아이들이 그렇지 않은 아이들보다 더 행복하다고 답했다. 또한 몸을 많이 움직이면 스트레스도 해소된다고 했다. 즉 스포츠 활동을 하면 아이들이 더 행복해진다는 것이다.

아이들이 어렸을 때부터 스포츠를 즐기면서 노년까지 행복하고 건강한 삶을 살기 위해서는 학교를 넘어 사회는 물론이고 국가도 달라져야 한다. 지금보다 더 나은 스포츠 환경이 마련되어야 하고, '건강한 미래를 위해 가장 중요한 것이 스포츠'라는 인식을 늘리기 위해 더 많은 노력을 해야 한다.

현재 우리나라 체육 예산이 전체 400조에서 2조에 불과하다는 사실은 매우 충격적이다. 정책을 수립하고 예산을 편성하는 사람들이 스포츠에 얼마나 무지한지를 여실히 보여 주는 증거다.

우리 모두는 지난 2002년 월드컵을 통해서 스포츠가 사회에 어떠한 영향을 주는지 경험했다. 무엇보다 자라나는 청소년들에게 스포츠는 선택이 아니라 필수다. 스포츠는 내가 잘해도 동료 선수가 못하면 질 수 있고, 내가 못해도 동료 선수가 잘하면 이길 수 있다는 사실을 알게 해 준다.

오늘날처럼 오직 나밖에 모르는 이기적인 사회에서 내가 아니라 우리를 가르쳐 주고, 나만 잘하면 되는 것이 아니라 모두가 잘할 때 비로소 내가 이길 수 있다는 것을 알려 줄 방법은 오직 스포츠를 직접 경험하고 스포츠를 통해 몸으로 느끼게 하는 것밖에는 없다. 그렇다면 우리는 스포츠에 더 많은 투자를 해야 한다.

스포츠에 투자하는 것은 단순히 의료비를 줄이고 복지 부담을 더는 일만은 아니다. 스포츠를 통해 보다 더 행복한 삶을 살 수 있다면 이보다 더 좋은 복지가 어디 있겠는가?

스포츠는 돈과 시간을 따로 내서 해야 하는 특별한 일이 되어서는 안 된다. 누구나 일상에서 자연스럽게 즐길 수 있어야 한다. '스포츠는 국민이 당연히 누려야 할 권리이고, 환경은 국가가 책임져야 할 복지'라는 인식이 있을 때 우리는 더 나은 스포츠 환경을 요구할 수 있고 스포츠 복지 국가를 향해 나아갈 수 있다.

미래를 위한

최고의 복지는

바로

스포츠다.

한국축구 vs 일본축구

나는 종종 다양한 사람들로부터 "한국축구와 일본축구 중 누가 더 강한가?"라는 질문을 받는다. 내가 똑같아 보이는 이 질문에 항상 같은 대답을 하지 못하는 이유는 이 질문이 줄곧 같은 질문처럼 들리다가도 어느 순간에는 전혀 다른 질문으로 들리기 때문이다.

누군가가 내게 이 질문을 했을 때 이 질문은 A매치에서 한국과 일본이 만나면 어느 팀이 더 강하며 누가 이길 가능성이 많으냐는 질문이 되고, 이 질문에 나는 조금의 망설임도 없이 "대한민국"이라고 대답한다.

한편 어떤 의미에서 이 질문은 말 그대로 '한국축구'와 '일본축구' 그 자체를 의미한다. 양국이 갖고 있는 서로 다른 현재의 축구 환경 중 우리가 이상적이라고 생각하는 조직적이고 체계화된 시스템, 미래를 향한 비전과 열정, 시장의 규모와 가치, 선수들의 의식과 지도자들의 마인드, 탁월한 행정 능력, 언론과 팬들의 수준, 그리고 그 나라의 축구 문화 전체를 감싸고 있는 독특한 그 무엇 말이다.

"한국축구와 일본축구 중 누가 더 강한가?"라는 질문이 두 번째 의미로 내게 다가올 때 나는 앞서 조금의 망설임도 없이 대답했던 "대한민국"이라는 대답 대신, 왠지 대화의 화제를 다른 쪽으로 옮기고 싶은 충동을 느낀다.

가끔씩 나도 한국축구를 사랑하는 모든 사람에게 물어보고 싶다.

“한국축구와 일본축구 중 누가 더 강합니까?”

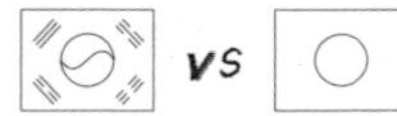

이 질문을 받을 때 느끼는 우리의 감정은 아주 중요하다. 우리가 만약 이 질문이 어떤 의미로 다가오든 상관없이 “대한민국”이라고 자신 있게 대답하지 못한다면, 우리는 아주 중요하고 결정적인 순간에 절대 지고 싶지 않은 상대에게 졌을 때에만 느끼는 최악의 감정을 느끼게 될 수 있기 때문이다. 어쩌면 우리가 생각했던 것보다 더 자주 느끼게 될지도 모르겠다.

지난 10여 년 동안 각종 국제대회에서 한국축구가 얻은 결과는 분명 한국축구가 일본축구보다 강하다는 것을 증명함에도 불구하고 나는 왜 “한국축구와 일본축구 중 누가 더 강한가?”라는 질문 앞에 “대한민국”이라고 자신 있게 대답하지 못하는가?

우리가 원하는 대답은 “공부는 걔가 더 잘하는데 시험은 내가 더 잘 봐”라는 식의 비논리적인 것이 아니다. 나는 우리가 결과가 더 좋으니 공부는 좀 못해도 상관없다고 생각할까 봐 두렵다.

앞선 것처럼 보일 뿐 앞선 것이 아니다.
보이는 것 너머에 보이지 않는 것을 보지 못하면
보이지 않던 것이 보이기 시작했을 때,
그때는 너무 늦다.

다른 것은 몰라도 축구만큼은 일본에 지고 싶지 않다.

멘탈은 일상에서

2000년 12월 한국축구 대표 팀 감독을 맡은 거스 히딩크 감독의 첫 일성은 "한국축구는 기술은 좋은데 체력이 약하다"였다. 그전까지 절대 다수의 축구 전문가들이 한국축구의 약점은 '기술'이고 장점은 '체력'이라고 말해 왔기에 히딩크 감독의 말은 가히 충격적이었다. 우리는 히딩크 감독이라는 외부의 시선을 통해 그동안 우리 자신을 얼마나 오해하고 왜곡했는지를 알게 되었다.

10여 년이 지난 지금, 여전히 남아 있는 또 하나의 오해는 "한국축구는 유럽축구보다 멘탈, 즉 정신력이 강하다"는 것이다. 결론적으로 말하면, 유럽축구가 한국축구보다 더 나은 가장 확실한 한 가지가 바로 멘탈이다. 우리는 흔히 상대를 거칠게 다루거나 부상당한 머리에 붕대를 감고 뛰는 것이 멘탈이라고 생각한다. 하지만 이것은 멘탈의 일부일 뿐 전부는 아니다.

축구선수에게 멘탈이란 자신보다 강한 자 앞에 섰을 때나, 반드시 이겨야 하는 경기를 앞두고 밀려오는 두려움을 스스로 이겨 낼 수 있는 능력을 말한다. 약한 상대를 쉽게 생각하지 않는 것, 경기장 안에서 자신의 감정을 통제할 수 있는 능력, 경기에서 졌을 때 빗발치는 여론의 비난을 묵묵히 이겨 내는 것, 이겼을 때 쏟아지는 칭찬을 가려들을 줄 아는 것이 모두 멘탈에 속한다.

심지어 경기장 밖에서의 생활이 곧 경기장 안으로 이어진다는 사실을 아는 것도 멘탈이다. 그렇기에 멘탈은 경기 당일 "한번 해 보자!"라고 외치는 것으로 만들어지지 않는다.

가장 강력한 멘탈은
훈련장에서, 우리의 일상에서 만들어진다.

완벽한 기술로 날마다 환상적인 플레이를 펼치는 유럽 축구를 쉽게 접하는 국내 축구 팬들 중 일부는 "이제 우리도 멘탈 타령은 그만하고 기술 축구 좀 하자"고 말한다. 그러나 나는 그들에게 유럽 축구의 환상적인 기술은 기술 자체가 아니라 바로 강력한 멘탈에 바탕을 두고 있기 때문에 가능하다고 말하고 싶다.

세계 최고의 선수들이 중요한 경기를 앞두고 하나같이 멘탈을 언급하는 이유도 박빙의 경기에서 경기 결과를 바꾸는 가장 큰 힘이 기술이나 전술이 아니라 바로 멘탈이라는 사실을 알고 있기 때문이다. 아주 오래전 한국축구의 대

선배님들은 경기장 안에서만큼은 최고의 멘탈을 가지셨고, 그 멘탈은 한국축구를 아시아 최강으로 이끌어 온 가장 큰 힘이었다.

축구선수에게 멘탈은 가장 강력하면서도 필수적인 요소다. 눈에 보이는 훌륭한 기술 뒤에 숨어 있는 보이지 않는 멘탈의 깊은 의미를 깨닫자.

기술을 다듬기 전에 먼저 마음을 다듬자!

훈련, 그 끊임없는 반복

미국 MLS 리그에 속해 있으면서 캐나다 밴쿠버를 연고로 하고 있는 밴쿠버 화이트캡스 FC에서 선수 생활을 하던 2013년 어느 날, 원정경기를 하기 위해 미국에 갔을 때였다. 경기 전날 오후 팀 훈련을 마치고 버스에 오르려는데 14-15살 정도 되어 보이는 소년과 아버지가 나에게 와서 물었다.

"어떻게 하면 축구선수로 성공할 수 있습니까? 가장 중요한 것 한 가지만 말씀해 주십시오."

2-3분간의 짧은 대화였지만 숙소로 돌아오는 내내 소년과 아버지의 질문이 마음속에서 떠나질 않았다. 이유는 어린 시절 내가 나 자신에게 수도 없이 던졌던 바로 그 질문이었기 때문이다.

'어떻게 하면 축구선수로 성공할 수 있는가? 축구선수로 성공하기 위해서는 무엇이 필요하며, 어떤 과정을 거쳐야 하는가?'

분명히 어떤 방법이 있을 텐데 그 방법을 알 길이 없던 나는 답답하기만 했다. 방법은 몰랐지만 무언가 해야겠다는 생각에 중학교에 들어가자마자 매일같이 드리블 훈련에 몰두했다. 팀의 정식 훈련이 끝나고 개인 훈련을 할 시간은 밤 시간뿐이었기에 나의 개인 훈련은 항상 밤에 이루어졌다.

1993년 고등학교에 입학했을 때 나는 축구를 더 잘하기 위해서는 순발력과 민첩성이 필요하다고 생각했다. 무엇을 할까 고민하다 줄넘기를 하기로 결정했다. 나는 마음속으로 '매일 줄넘기 2단 뛰기를 1,000개씩 하겠다'는 계획을 세우고 줄넘기를 시작했다.

처음에는 줄넘기 2단 뛰기 100개도 너무 힘들었다. 그래서 2단 뛰기를 100개씩 10회로 나누어서 했다.

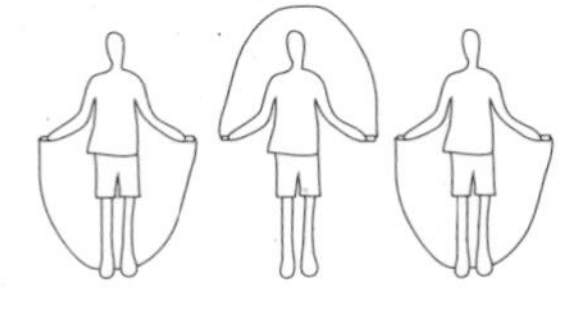

주말을 제외하고 매일같이 2년간 줄넘기를 한 후 나는 자연스럽게 줄넘기 2단 뛰기를 한 번에 1,000개씩 할 수 있게 되었다.

2년이라는 시간 동안 줄넘기가 2번 끊어졌다. 한 번은 손잡이와 줄 사이를 연결하는 쇠고리가 서로 갈려서 마찰에 의해 끊어졌고, 또 한 번은 땅바닥에 닿은 줄이 끊어졌다. 보통 2단 뛰기는 공중에서 하기 때문에 줄이 땅에 닿지 않지만 2단 뛰기 100개를 하고 호흡을 채우는 동안 1단 뛰기를 쉬지 않고 했기 때문에 줄이 바닥에 닿아서 끊어졌던 것이다.

핸드메이드로 튼튼하게 만들어진 2개의 줄넘기가 끊어진 순간, 내 마음속에서는 왠지 모를 묘한 기쁨 같은 것이 느껴졌다. 나는 아직도 그 묘하고 신비한 기쁨을 잊을 수가 없다.

2단 뛰기도 제대로 못하던 내가 고등학교 3학년이 되어서는 3단 뛰기 100개를 한 번에 할 수 있게 되었다. 나는 그런 경험을 통해 노력이 어떠한 일을 만들어 내는지를 절실히 깨달았다.

축구선수로 성공하기 위해 뭔가 특별한 비책이나 지름길을 기대했을지 모르는 소년과 아버지의 질문에 내가 해줄 수 있는 말은 이것이 전부였다.

"내가 경쟁하고 있다고 생각하는 친구들보다 더 열심히, 더 많이 노력하면 됩니다."

노력에는 항상 고통과 인내가 따르고, 육체적 고통과 내적 갈등 없이 무언가 얻을 수 있는 방법이란 이 세상에 존재하지 않는다. 그리고 충분한 노력과 실패 없이 성공으로 가는 지름길도 이 세상에는 없다.

노력이란 내가 원하지 않은 결과에서 오는 통증을 미리 나누어 갖는 것이다. 노력에도 고통이 따르고 원하지 않은 결과에도 고통이 따른다. 그러나 노력에서 오는 통증이 원하는 결과를 놓쳤을 때의 통증보다 더 견디기 쉽다.

체력이 기술이다

'어떻게 하면 지치지 않고 계속 뛸 수 있을까?'

고등학교 1학년 때부터 시작한 줄넘기가 나의 민첩성과 반응 속도에 영향을 준다고 느낀 것은 고등학교 2학년 때다. 나는 중학교 때는 드리블을, 고등학교에 들어가서는 민첩성과 속도를 갖기 위해 노력했고, 실제로 어느 정도 효과를 보고 있었다.

그리고 그때쯤 또 다른 고민이 있었는데, 그것은 바로 체력이었다. 아무리 좋은 기술도 체력이 뒷받침되지 못한다면 결정적인 순간에 무용지물이 되고 만다.

무엇보다 스포츠에서 가장 중요한 정신력은 체력과 밀접한 관계가 있다. 충분한 힘과 체력이 뒷받침되지 못한 기술은 보기는 좋아도 실전에서 결정적인 순간에 그 힘을 잃어버리기 일쑤였다. 또한 훌륭한 정신력을 지닌 사람도 기본적인 체력 없이는 결코 오래 버텨 내지 못한다는 사실을 깨달았다. 어떤 의미에서는 체력이 곧 기술이자 정신력이라는 생각도 들었다.

당시 스케줄 표는 이러했다.

오전 6:00	기상
오전 6:30–8:00	아침 운동
오전 8:00–9:00	샤워, 아침 식사, 청소

오전 9:00-오후 2:00	수업, 점심 식사
오후 3:30-5:00	오후 운동
오후 6:00-7:30	저녁 식사, 청소, 빨래
오후 8:00-9:00	개인 운동(줄넘기)
오후 9:00-10:00	청소, 취침 준비
오후 10:30	취침

도저히 따로 체력 훈련을 할 수 있는 시간이 없었다. 며칠을 고민하던 나는 결국 새벽 4시 50분에 일어나 산을 뛰기로 결정했다.

당시 나는 고등학교 2학년이었기 때문에 열려 있는 공간에서 40명 전체가 함께 취침을 했다. 만약 새벽 알람 소리에 선배 형들이 깨기라도 한다면 큰일이었다. 나는 긴장하며 잠자리에 들었고, 어찌나 긴장했던지 새벽 알람이 울리기도 전에 일어나 운동하러 나갈 수 있었다. 이렇게 3-4일을 반복하자 그다음부터는 자연스럽게 새벽 4시 45분에 눈이 떠졌다.

나는 사계절의 새벽이 얼마나 다양한지 온몸으로 느낄 수 있었다. 비가 오는 새벽, 눈이 오는 새벽, 바람이 세게 부는 새벽, 서리가 내린 새벽, 낙엽이 쌓인 새벽, 쌀쌀해지는 새벽…. 다채로운 새벽 빛깔을 음미하며 새벽 산속을 달리고 또 달렸다.

그렇게 1년 정도가 지나자
기술과 속도와 체력이 조화를 이루는 나의 축구는
정말이지 쉬웠다.

시련과 성장

고등학교를 졸업할 무렵 나는 6개 대학으로부터 스카우트 제의를 받았고, 나의 선택지는 건국대학교였다. 당시 건국대학교는 고려대학교, 연세대학교, 한양대학교와 함께 전국 톱4로 불리는 학교였다. 나와 같은 해에 입학한 친구들의 능력은 매우 우수했다. 대학교 1학년 때 나를 포함한 여섯 명의 선수들이 스타팅 라인업에 포함될 정도였고, 대학교 2학년이 되었을 때 전국 대회에서 우승을 거두었다.

나는 3학년 말에 팀의 주장이 되었다. 당시 건국대학교에는 올림픽 국가대표 선수가 여섯 명이나 있었다. 하지만 나는 팀의 주장이면서도 대표 팀에 들지 못했다. 올림픽 국가대표 여섯 명 중에 다섯 명이 내 친구들이었고, 심지어 한 명은 후배였다.

12월의 어느 날이었다. 날씨가 추워지자 종종 개인 운동을 하던 몇몇의 친구들조차 더 이상 운동장에 나오지 않았다. 그날도 나는 습관처럼 불이 꺼진 텅 빈 운동장에서 혼자 개인 운동을 하고 있었다. 땀을 뻘뻘 흘리며 운동하던 내 마음속에 문득 이런 생각이 들기 시작했다.

'나는 지난 10년 동안 이렇게 열심히 노력했는데 국가대표가 되지 못했고, 숙소에서 이 추운 날 편안하게 TV를 보는 친구들은 국가대표가 됐구나. 그럼 내가 지금까지 10년 동안 기울였던 노력은 도대체 뭘까?'

순간 억울한 마음이 들었다. '분명히 어렸을 때 어른들은 나더러 열심히 노력하면 원하는 꿈을 이룰 수 있다고, 국가대표가 될 수 있다고 말했는데, 나는 그 말을 믿고 정말 열심히 노력했는데, 그게 아니었구나' 싶었다. 그때 내 마음속에서 또 이런 생각이 들었다.

'다른 건 몰라도 축구는 노력한다고 되는 게 아니구나. 될 사람들은 원래부터 정해져 있고, 재능 있는 사람들이 하는 거구나. 나같이 재능 없는 사람은 아무리 노력해 봐야 할 수 없구나.'

그 순간 얼마나 속상한지 눈물이 나기 시작했다. 그 눈물은 내가 지금까지 한 번도 흘려 보지 못한, 마음속 아주 깊은 곳에서 흘러나온 눈물이었다. 노력해도 안 되는 것이 있는데 나는 순진하게 그것도 모르고 초등학교 때부터 중학교와 고등학교, 대학교 때까지 내 인생에서 가장 중요한 순간들을 이렇게 속아서 쓸데없는 짓을 하고 있었구나 생각하니 당황스러웠고 나 자신이 한심했다.

그 후 정확히 2주가 흘렀다. 그리고 오지 않을 것 같던 기회가 나에게도 왔다. 나에게 올림픽 팀의 테스트 기회가 주어졌던 것이다!

나는 당시 허정무 감독이 이끌던 시드니 올림픽 대표 팀에서 테스트를 받은 지 일주일 만에 정식 올림픽 대표가 되었고, 정확하게 3개월 후 국가대표가 되었다. 그리고 국가대표 첫 경기였던 멕시코와의 경기 후반전에 교체 출전을 했다. 이후 나는 2011년 카타르 아시안컵에서 은퇴를 선언하기까지, 1999년부터 2011년까지 대한민국 축구 대표 팀에서 탈락하거나 정상적인 스타팅 라인업에서 빠져 본 적이 한 번도 없다.

"노력하면 발전한다!"

이 말은 정말 사실이었다.

더디 자라는 것을
두려워하지 말라.

그냥 그 자리에

가만히

멈춰 서 있는 것을

두려워하라.

마음을 움직이는 자

축구에서 진정한 리더십이란 무엇인가?

나는 축구를 시작해서 은퇴하기 전까지 약 200여 명의 국내외 지도자들과 함께 축구를 했다. 그중 약 70명은 한국인 지도자들이었고, 나머지 130여 명은 영국, 독일, 스페인, 네덜란드, 벨기에, 아르헨티나 등 외국인 지도자들이었다.

많은 지도자를 만나서 축구를 해 보니, 새로운 감독이 부임하고 일주일 정도 함께 생활을 하다 보면 감독이 말하는 방법이나 표정, 제스처를 통해 감독의 성향은 물론 감독의 능력까지 가늠할 수 있었다. 어떤 감독은 무뚝뚝하면서도 책임감이 강한 반면, 또 어떤 감독은 좋은 인상을 주기 위해 많은 노력을 하면서도 결정적인 순간에는 이기적으로 돌변하기도 했다.

결론적 말해서, 누군가 나에게 "축구감독 곧 리더가 갖추어야 할 가장 중요한 능력 하나를 뽑아 달라"고 한다면 나는 축구에 대한 해박한 지식이나 능수능란한 전술 운영과 용병술, 혹은 기가 막힌 훈련 프로그램이 아닌 '사람의 마음을 움직일 수 있는 힘'이라고 말하고 싶다.

나에게 리더십의 정의는
'사람의 마음을 움직일 수 있는 힘'이다.

언젠가 국가대표 팀 평가전을 위해 선수들이 파주에 소집되었다. 다음 날 평가전을 앞두고 한 외국인 감독이 미팅을 했는데, 말 그대로 전술이 정말 좋았다. 미팅이 진행되는 동안 속으로 '내일 저렇게 하면 무조건 이기겠는데'라는 생각이 들 정도였다.

하지만 막상 실제 평가전에서 우리는 완패를 당하고 말았다. 경기가 끝나고 감독은 이렇게 인터뷰를 했다.

"내 전술은 완벽했지만 선수들이 따라오지 못했다."

사실이었다. 정말 감독의 전술은 완벽했고 선수들은 따라가지 못했다. 그는 훌륭한 전략가였고 많은 축구 지식이 있는 감독이었지만 결코 좋은 감독은 아니었다. 그는 사람의 마음을 얻는 방법을 몰랐다.

축구는 똑같은 선수들이 똑같은 상대 팀과 똑같은 경기장에서 똑같은 시간에 경기를 한다 할지라도 벤치에 어떤 감독이 앉아 있느냐에 따라서 경기의 승패가 결정된다. 승패에 영향을 미치는 것은 화려한 전술이나 기교 넘치는 용병술보다 선수들의 마음가짐이고, 그 마음가짐을 지배하는 사람이 바로 감독이다. 또한 축구는 선수와 선수 사이에 주인 없이 떨어지는 공을 누가 가져가느냐에 따라 경기를 누가 지배할지 결정되는데, 주인 없는 공을 가져오게 만드는 사람 역시 감독이다.

나는 14년 동안의 프로선수 생활 중에서 히딩크 감독과 5년이라는 시간을 보냈다. 특히 네덜란드 PSV 아인트호벤에서 축구할 때를 잊을 수가 없다.

히딩크 감독은 중요한 경기거나 특별히 약한 팀을 만났을 때, 그리고 특히나 우리보다 강팀을 만났을 때는 항상 경기 직전 5분 스피치를 했다. 5분 스피치가 끝나고 나면 선수들의 눈빛이 달라졌다. 교만했던 마음이 겸손으로 바뀌었고, 두려웠던 마음이 안정을 되찾았으며, 심지어 마음 깊은 곳에서 '내가 오늘 감독을 위해 죽도록 뛰어야겠다'는 다짐이 절로 나왔다. 어떻게 히딩크 감독은 선수들에게 그러한 마음을 심어 줄 수 있었을까?

히딩크 감독은 언제나 일상에서 선수들 각 사람을 배려했고, 언제나 목표가 뚜렷했다. 그리고 목표는 언제나 사람이었다. 히딩크 감독의 생각은 이러했다.

'프로의 세계에서는 이기는 것이 가장 중요하고,
팀이 이기기 위해서는 선수가 잘해야 하며,
선수가 잘하기 위해서는 감독인 내가
선수가 잘하도록 도와야 한다.'

Guus Hiddink

히딩크 감독은 팀을 이기게 하기 위해 선수를 다그치는 것이 아니라 선수들을 잘하게 만들어서 팀을 이기게 하는 리더였다.

2002년 월드컵을 준비하던 때의 일이다. 훈련 중에 선수들은 같은 실수를 종종 범하기도 한다. 그런데 히딩크 감독이 어떤 선수가 실수를 하면 아무 말도 하지 않고 넘어가고, 또 어떤 선수가 실수를 하면 고함을 치며 엄청나게 화를 냈다. 나는 속으로 '이건 차별이 아닌가?' 하고 생각했다. 똑같은 실수를 저질렀는데 누구에게는 아무 말도 하지 않고 넘어가고, 또 누구에게는 화를 낸다는 것이 쉽게 이해가 가지 않았다. 하지만 당시 그 누구도 이중적이라고 느낄 수 있는 그 상황에 대해 히딩크 감독에게 질문하는 사람이 없었다.

월드컵이 끝나고 어떤 행사에서 히딩크 감독을 만난 내가 그 이유를 캐물었을 때 그의 대답은 이러했다.

"고함을 치거나 화를 내면 주눅이 들어서 못하는 선수가 있고, 크게 자극을 줘야 잘하는 선수가 있다."

결국 히딩크 감독은 차별을 한 것이 아니라 각자의 성향과 성격에 맞춰 각 선수가 최고의 경기력을 유지하고 발휘하도록 만들기 위해 최선을 다했던 것이다. 그는 개인적인 감정이나 욕심을 위해 선수를 대하는 리더가 아니었다. 히딩크 감독의 이러한 진심은 선수들의 마음 깊은 곳까지 전달되었고, 그 진심이 결국 선수들의 마음을 움직이는 힘이었다.

히딩크 감독을 비롯한 많은 지도자에게서 또 한 가지 느낀 점이 있다. 리더가 결정적이고 중요한 순간에 적절하게 던지는 최고의 한마디는 팔로워들을 변화시키고 그들의 삶에도 긍정적인 영향을 준다.

하지만 리더에게 더 중요한 것은
해야 하는 말을 하는 것보다
하지 말아야 하는 말을 하지 않는 것이다.

10명의 팔로워들에게 최고의 한마디를 했을 때 10명 중 7-8명 정도가 긍정적으로 반응한다. 그러나 리더가 하지 말아야 하는 말을 팔로워들에게 했을 때 10명 중 10명 모두가 아주 적극적으로 부정적인 반응을 보인다는 것을 알 수 있었다. 하지 말아야 하는 한마디의 말 때문에 팀이 어떻게 깨져 나가는지를 너무나 많이 본 나는 차라리 아무 말도 하지 않는 감독이 불필요한 말을 하는 감독보다 훨씬 더 좋은 감독이라는 생각을 하게 되었다.

사람의 마음을 얻는 리더는

항상 사람을 최우선에 둔다.

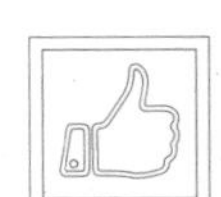

시선 그리고 두려움

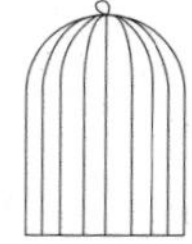

월드컵처럼 큰 경기를 앞둔 선수들은 문득문득 실패에 대한 두려움에 사로잡히곤 한다. 그 두려움은 어디에서 오는 것일까? 얼핏 보면 외부 환경에서 오는 것 같지만, 사실 그 근원지는 외부가 아니라 내부, 즉 내 안에서 만들어질 때가 더 많다. 엄밀히 따지면, 실패 자체가 두렵게 하는 것이 아니라 실패했을 때 나를 바라보는 사람들의 시선과 평가가 나를 더 두렵게 한다.

예를 들어, 아주 중요한 시험을 잘 보지 못했다고 가정하자. 시험을 못 봤다는 것 자체로 괴로울까? 사실은 그렇지 않다. 만약 내가 시험에서 평균 95점을 받겠다는 목표를 정하고 시험을 봤는데 결과는 80점을 받았다고 하자. 분명히 실망스러운 마음에 괴로울 것이다.

그런데 희소식이 들려왔다. 나를 제외하고 시험을 본 모든 사람이 다 70점을 넘지 못했다는 것이다. 그 순간 내가 받은 80점이 괜찮아지기 시작한다. 결과적으로 80점이라는 점수에 내가 실망한 이유는 상대적인 실망이지 80점이라는 시험 결과 자체에 대한 절대적인 실망이 아닌 것이다.

솔직히 말해, 우리가 실패에 대해 두려움을 느끼는 이유는 실패 자체 때문이 아니라 실패했을 때 실망할 부모님, 혹은 내 점수를 알게 될 친구들의 시선 때문이다.

결과적으로 우리가 두려워하는 것은

실패 자체가 아니라

나를 기대하는 사람들의 시선이다.

나는 축구를 잘하는 축구선수임에도 불구하고 축구를 못할까 봐 두려워한 적은 많았어도 내가 피아노를 못 친다는 사실 때문에 두려워한 적은 한 번도 없다. 왜냐하면 그 누구도 내가 피아노를 못 친다는 사실 때문에 나를 비난하거나 나에게 '피아노를 잘 쳤으면' 하고 기대하지 않기 때문이다. 그러나 만약 내가 피아노 연주자라면 이야기는 달라진다.

전 세계 모든 선수가 뛰고 싶어 하는 잉글랜드 프리미어리그(EPL), 바로 그곳에서 나는 지독한 두려움에 휩싸여 있었다. 내가 유럽에서 축구를 하는, 특히 잉글랜드 EPL에서 선수 생활을 하는 3년 동안, 한 경기가 끝날 때마다 전 세계의 거의 모든 언론이 나를 평가했다. 영국의 모든 스포츠 관련 신문은 두말할 것도 없고, 한국을 비롯해 전 유럽의 언론들과 일본, 중국, 태국, 미국에 이르기까지 매 경기마다 평점을 매기는 평가가 쏟아져 나왔다.

내 축구 인생에서 최고의 커리어를 쌓아 가고 있던 어느 날, 팀 버스를 타고 경기장에 가는데 갑자기 마음속에서 이런 생각이 들었다.

'아, 이 버스가 살짝 굴러서 팔 하나가 딱 부러졌으면 좋겠다. 그래서 한 3개월만 쉬었으면 좋겠다.'

경기가 끝나고 집으로 돌아온 나는 정말 곰곰이 나를 괴롭히고 있는 두려움의 근원지를 찾기 위해 노력했는데 내가 찾은 두려움의 이유는 생각보다 간단했다.

1999년 대학생의 신분으로 처음 국가대표가 되었을 때 나의 별명은 '신데렐라'였다. 나는 단 3개월 만에 철저한 무명 선수에서 대한민국 축구 유망주로 한순간에 신분이 상승했다. 사람들은 나의 플레이를 보고 매일 칭찬했고, 드리블 기술에 반한 나머지 '매직 드리블'이라는 별명도 붙여 주었다. 나는 그 칭찬이 좋았다. 더 솔직하게 말하면, 매일매일 사람들의 시선과 칭찬을 즐겼다.

그러나 문제는 그다음이었다. 모든 대중이 그러하듯 시간이 지날수록 사람들은 자연스럽게 나를 더 기대하기 시작했다. 그러나 기대치에 미치지 못하는 경기력이 나오는 날에는 내가 전혀 예상하지 못했던 비난을 쏟아 냈다. 어제까지 나를 칭찬하던 사람들의 입에서 오늘은 비판하는 말이 쏟아지는 상황을 경험한 후부터 나는 사람들의 시선에 두려움을 느끼기 시작했다.

내가 처음 축구를 시작한 이유는 '날마다 축구를 즐기고 발전하는 것'이었다. 나는 사람들에게 칭찬받고 인정받기 위해서 축구를 시작했던 것이 아니었던 처음으로 되돌아가기로 했다. 그러자 사람들의 칭찬과 비판에서 자유할 수 있게 되었고, 경기를 두려워하는 마음이 점차 사라지고 있음을 느꼈다.

선수들은 언론이나 팬들의 칭찬이 크면 클수록 똑같은

양의 비난과 비판이 그 뒤에 숨어 있다는 사실을 알아야 한다. 여론은 축구 팬들이 즐기는 것이지 선수가

즐기는 것이 아니다. 선수가 여론을 즐기려 하면 칭찬에 갇히게 되고, 칭찬에 갇힌 선수는 결국 비난에도 갇히게 된다는 사실을 잊어서는 안 된다.

우리의 삶이

다른 사람들의 시선에

갇히지 않기 위해서는

제일

먼저

사람들로부터 인정받고 싶은 마음에서

자유해야 한다.

YP Lee